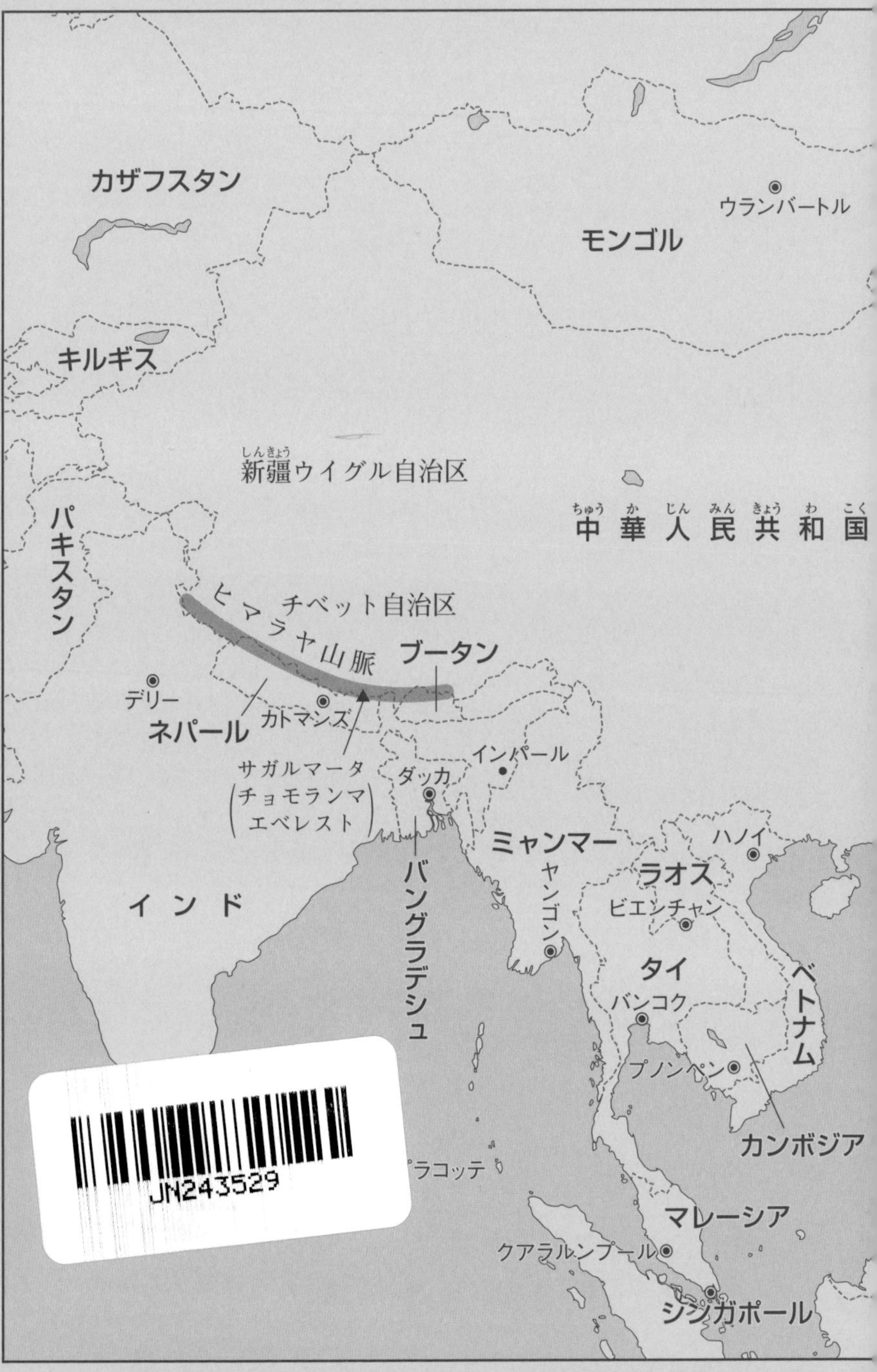

カザフスタン
モンゴル
ウランバートル
キルギス
新疆《しんきょう》ウイグル自治区
中《ちゅう》華《か》人《じん》民《みん》共《きょう》和《わ》国《こく》
パキスタン
チベット自治区
ヒマラヤ山脈
ブータン
デリー
ネパール
カトマンズ
サガルマータ
(チョモランマ
エベレスト)
インパール
ダッカ
ミャンマー
ハノイ
ヤンゴン
ラオス
インド
ビエンチャン
バングラデシュ
タイ
ベトナム
バンコク
プノンペン
カンボジア
ラコッテ
マレーシア
クアラルンプール
シンガポール

世界にもし日本がなかったら

歴史の真実
アジアの真実

If there was no Japan in the world

一般社団法人
アジア支援機構代表理事
池間哲郎

育鵬社

ミャンマーの子供たちの日本への憧《あこが》れは強いと感じる。イギリスの圧政からミャンマー（当時はビルマ）を解放した「30 人の同志」と呼ばれる建国のリーダーたちが、日本で学んだことを知っているからだ。

田舎の小学校で、「日本のことを知っていますか？」と尋ねると、子供たちはキラキラと目を輝かせながら言ってくれた。

「よく知っています」

「尊敬するアウンサン将軍（アウンサンスーチー氏の父親）をはじめ、ミャンマーのリーダーたちは日本で勉強したから立派になった」

「私たちも大きくなったら日本に留学して、祖国のリーダーになりたい」

「フランス時代は酷《ひど》いもんじゃった。土地も家も取り上げられた。家畜、ヤシの木、鍋と何でもかんでも税金をかけやがった」と89歳の翁《おきな》は怒りをあらわにした。「俺たちは、どんなに働いても豊かにはなれなかった。朝から晩まで畑にいても、飯を食うことさえままならなかった。あいつらはふんぞり返り、豊かに暮らす。実に腹立たしい」。
「カンボジアは一時、日本軍が進駐していた。その時どうだったかを知りたい」と私が聞くと、翁は穏やかな声で話してくれた。
「この村の近くにも多くの日本兵がやって来て道路工事などをやっていた。日本兵は素晴らしかった。とにかくキビキビとして軍律厳しく礼儀正しかった。女たちに悪さをすることは一切なかった。俺たちを虐《いじ》めることはまったくなかったよ。日本がフランスを追い出してくれたんだ」

数カ国のアジアの知識人から、「日本がいてくれてよかった」と嬉しい言葉を聞いた。「日本人は優秀です」と真顔で話す。日本人は衣類、食品、電化製品、車、電子機器、建築土木と何をやっても素晴らしい。白人たちを上回るものづくり。どんな商品でも立派なものを作り、見事な橋やビルを建てる。東南アジアの街行く車の多くは日本の中古車だ。「もし日本がなかったら、高度な技術力が必要な商品や建築物はすべて白人たちが作り、我々有色人種は、白人が作った商品を高く買わされる世界になっていたに違いない」と語る。日本人がいてくれたおかげで、「自分たちは決して白人に劣ることはない」という自信が生まれたという。

支援活動の中で異国の人々に、「日本人は真面目だな」とよく言われる。誰も見ていなくても、陰ひなたなく黙々と働く日本人は不思議だとも言う。
「日本人は働くことに喜びを感じる人が多い」と話すと驚く。そして神道について語る。最高神の天照大神《あまてらすおおみかみ》でさえも機織《はたお》りに励み、衣を織る。田んぼに入り、稲を植える。神々が働く姿を日本人は尊んできた。現在も、天皇陛下が稲を植え、収穫をし、皇后陛下は蚕を養い、布を織る。そんな話をすると彼らは驚き、「そうか、だから日本人はよく働くのか」と妙に納得してくれた。(写真：かつて日本統治領だった南洋諸島テニアン島に残る鳥居)

世界にもし日本がなかったら――歴史の真実、アジアの真実

池間哲郎

目次

第2章　アメリカは日本に何をしたか

第3章 アジアの人たちは日本をどう思っているのか

第4章　日本が嫌いな日本人へ贈る「日本の愛し方」

カバー写真　アフロ
装幀　川上成夫

この本を手に取ってくださったみなさまへ――

「想像してみたらいい。日本の存在しない世界を」

みなさんに日本が戦争に敗れる昭和20（1945）年以前の世界が、どのような状況だったのかを知ってほしいと願います。アジアやアフリカの民が、どれほどの苦しみを強いられていたのかを、日本人だからこそ学ぶべきだと強く思うからです。

私は、かなり前から「日本はアジアの人々から嫌われていません」と発信してきましたが、そう言うと、以前は、「何て馬鹿なことを。お前は右翼か？」とよく言われました。

しかし私は、自分の足でアジア各国を廻り、現地の人々から、「日本人が、いかにすごかったか」を自分の耳で聞いてきました。「原爆を二つも落とされて、二度と立ち上がれないほど傷ついた。それでも努力を重ね、世界で最も豊かな国になった。日本人はすごい」との言葉を幾度も聞きました。アジアの人々は日本人を高く評価してくれています。私はアジアの国々（一部除く）が、「日本を愛している、日本を信頼している」と胸を張って言えます。

20年くらい前のことです。タイの成功者ともいえるご老人が、「敗戦直後の日本人は惨《みじ》めじゃった。私は彼らを蔑《さげす》んだ目で見ていたほどだ」と正直に語ってくれました。それがあれよあれよという間に世界に冠たる経済大国になり、驚きと賞賛の思いだったと言っていました。
どの国へ行っても日本製品が溢れ、日本車が走り回る。アジアの人々の日本製品に対する評価は非常に高く、戦後、日本が誠実にものづくりに励み、いかに頑張ってきたか、日本人の私が感動してしまいます。

私が1990年代の後半にカンボジアに行った時、街は日本製の車やバイクで埋め尽くされていました。「日本はすごい国だな。もし日本人がいなければ、車、家電製品などの工業製品は白人国家だけが作っていたかもしれない」と、その時の私は不思議なことを考えていました。

帰国後、次の渡航先マレーシアについて勉強していると、まったく同じ思いを持つアジアの偉人がいるのを知り、ビックリしました。マレーシアのマハティール元首相です。

彼が香港で演説した言葉の中に、こんな一節があったのです。

「日本の存在しない世界を想像してみたらいい。もし〝日本なかりせば〟ヨーロッパとアメリカが世界の工業を支配していただろう。欧米が基準と価格を決め、欧米だけにしか作れない製品を買うために、世界の国々はその価格を押し付けられていただろう」（欧州・東アジア経済フォーラム、香港、1992年10月14日）

日本人のこまやかさ、誠実さ、追究心の深さは、世界に誇るべき姿です。「ジャップ、イエローモンキー」と侮蔑《ぶべつ》の言葉を浴びながらも、悔しさを押し殺し、必死になって闘ってきた戦後の先人たちに感謝のみです。白人たちを凌駕《りょうが》する「ものづくり日本」が世界を変えたのです。

近現代史を奪われた日本

カンボジアへは度々行くのですが、最近行った時に、欧米からのバックパッカーが集う安宿にあえて滞在してみたことがあります。近くには雑然とした市場や、10名前後の女性を揃える売春宿などがありました。

いい機会なので、そこに泊まっていたドイツ、オーストラリア、フランス、アメリカ人らと会話をしましたが、威張り腐ったりする者などおらず、みんな気さくに話してくれました。「どこから来たの」と聞かれて、「フロム・ジャパン」と言うと、「オー、日本人ですか。どうかよろしく」と丁寧に接してくれ、我が恋女房に対しても、エレベーターを「お先にどうぞ」と譲ってくれました。

彼ら白人たちと接していて、いつも不思議に思うのが、なぜこれほど気さくな人々が、アジアの国々を植民地化し、500年間にもわたり有色人種を苦しめ、略奪、搾取《さくしゅ》、虐殺を行ったのか、ということです。

私はアジアの国々で白人帝国主義、植民地時代の残虐さを嫌になるほど聞いてきました。あまりにもおぞましくて文章や言葉では表せないほどです。なぜ、これほど残虐になれたのかと不思議でたまりません。

私は別に、白人を憎めと言っているのではありません。私たち日本人も有色人種の国家、国民であるならば、アジアの国々の植民地時代500年の歴史をしっかりと知るべきだと思うのです。

滞在中にカンボジアの仲間や友人と、プノンペン市民に大人気のクラブでドンチャン騒ぎしたことがありました。クラブといっても倉庫を改造したような店です。カンボジアの男たちも酔いが回るにつれ、口も軽くなり、静かにしていた女性陣も大声で話すようになります。クメール語、日本語、英語で話が何とか通じるのも面白く、おかげで呑《の》み過ぎて、翌日二日酔いになりました。

カンボジアは、日本の悪口プロパガンダを常に行っているチャイナやコリアと関係が深いのですが、それでもカンボジア人は日本が大好きなのです。

「本当は日本が嫌いな奴もいるだろう。私が日本人だからと遠慮しているのではないか？」

と聞くと、彼らはムキになり、反論します。

「絶対に違います。カンボジア人で日本を嫌いな人はいません」

カンボジアの大学で日本語を教える60代の日本人教師は笑顔でうなずきました。

「私は、これまで日本人の悪口を聞いたことがありません」

カンボジアの人々は日本を尊敬しています。原子爆弾を二つも落とされ、徹底的に叩き潰されたにもかかわらず、日本人たちは必死に頑張って、世界で最も豊かな国になった。カンボジアも日本のようになりたい、と口々に語るのです。

カンボジアの大学生たちと語り合い、喜びと希望もありましたが、この国の悲しみを深く知ることにもなりました。驚くことに彼らは近現代史をほとんど知らないのです。フランス植民地、日本進出、ロン・ノル時代のことを話しても、「聞いたことはある」だけ。200万人を虐殺したといわれるポル・ポト時代（1975～1979年）以外の事はあまり分からないと言うのです。

ポル・ポト時代があまりにも残虐過ぎて、他の近現代史はほとんど教わっていないようでした。カンボジアは一部の大きな悲劇だけが伝わり、大事な近現代史を奪われてしまったのです。

ある意味で日本と似ていると思いました。わが国は戦争に敗れ、ＧＨＱ（連合国軍総司令部）により「日本の戦前は暗闇」「すべて日本が悪い」と、日本人から誇りと自信を奪う教育が徹底して行われました。私たちはいまだにその後遺症に苦しんでいます。

「日本は悪い国」と思っていた

そんな私でも、アジア各国を飛び回るようになった初期の頃は、まだ自分自身が自虐史観の塊でした。日本人の多くは、「わが国がアジア全体から嫌われ、憎まれている」と思っています。私も、日本は悪い国、日本人は残虐だ、日本人は誇りを持ってはいけないと、嫌になるほど教え伝えられてきたので、心の底から「日本は悪の国、日本人は嫌われている」と思っていました。支援活動は治安の良くない地域を中心として動き回るだけに、「もしかしたら住民にリンチに遭《あ》うかもしれない」と内心では不安でした。

ところが、アジア各地を自分の足で走り回り、その土地の人々と話し、触れ合う中で、いかに日本が愛され、信頼されているかがよく分かるようになったのです。どこに行っても日本のパスポートは信頼され、審査でも、「日本人だったら大丈夫」と滞《とどこお》りなく入国できます。そのような体験をして以来、「日本は悪の国で、日本人はアジアの人々から嫌われていると教わったが、果たしてそうだろうか」と大きな疑問を持つようになりました。

活動現場においても、現地の人々から、「日本人はすごい、真面目、誠実、偉い」と評価され、その信頼性は抜群なのです。そんな意外な反応に私は驚かされるとともに、いかに自分が自虐的になっていたか身に染みて感じました。それに気づいた時、なんと自分が情けなかったことか。祖国を蔑み、日本人の誇りを忘れていた自分に、只々《ただただ》恥じ入るばかりでした。

私は約25年間、アジア各地を廻り、支援活動はもちろんですが、近年は調査にも力を入れています。アジアを駆け巡り、多くのアジアの人々と触れ合いながら、先の大戦を知るお年寄りの方々とも話をしています。カンボジア、ミャンマー、インドネシア、ラオス、パラオ、サイパン、テニアン、台湾と、かつて日本軍が駐留した地域や村、日本が統治していた国々や島を訪ね、当時を知る現地の大先輩方（80歳代のおじいちゃん、おばあちゃん）に直接お会いしてお話を伺います。

日本の悪の部分もあったでしょう。戦争の狂気から、残虐行為に走った日本兵もいたことでしょう。「怖かった」との声も多いですが、それは当然です。銃を持つ軍隊を見て子供たちが怖いと思うのは、ごく自然なことです。

ところが現地の人々は、「善なる日本」を語ることも非常に多いのです。日本兵の素晴らしさを讃《たた》える声も少なくありません。「優しかった」「一緒に遊んだ」「共に歌を唄った」などと懐かしそうに語る現地のお年寄りも多いのです。そういう話を聞くと、「本当にすべての日本兵が残虐だったのか？」と戸惑うのでした。

私の親父もマレー戦線で戦いました。親父はよく現地の人々との触れ合いを語ってくれたものです。酔っ払うと、マレー語の歌を懐かしそうに口ずさんでいました。

戦争が絶対悪であることは間違いありません。戦争を賛美する思いはカケラもありません。それでもすべての日本兵が残虐だったとは思えないのです。

私の自己体験から言うと、日本人であるということで損をした経験はありません。それどころか、先人たちが築いてきた誠実さや真面目さが、国際協力活動において大きな支えにもなっているくらいです。私は声を大にして伝えたい、「日本は信頼され、尊敬されている」と。

白人以外は人間ではない時代があった

アジアの国々を廻っていると、つくづく、「先人はよくぞ日本を守ってくれた」と感謝の思いが溢れてきます。なぜかというと、「白人以外は人間ではなかった」「動物のように扱われた」など、アメリカ、イギリス、フランス、オランダなどの植民地だった時代がいかに残虐だったのかを、アジアの人たちから聞いてきたからです。

現地の人々に、日本との関わりとともに、白人帝国主義による植民地時代についても聞いて廻るのですが、みなさん例外なく表情をゆがめ、憎しみの形相となるのです。80歳代の人々が温厚に話していても、「植民地時代」と聞くと、「あいつらは残虐だった。絶対に許せない。あいつらは自分たち（アジアの人々）を人間とは思っていなかった」と怒りを叩き付けるのです。泣き出す人もいるくらいです。植民地時代がいかに酷かったかが分かります。

かつて、日本とタイを除くアジアの国々は、すべて欧米列強の植民地でした。白人以外の有色人種は人間ではなかった時代。欧米列強の植民地となったアジアでは、長期間にわたり地獄の惨状が続いていたのです。

よくも、これほど酷いことをしたものです。もしも彼らが信じる神様が存在するのであれば、決して許してはくれないだろうと思えるほどの、植民地時代の残酷さと悲惨さを聞いてきました。インド人、ミャンマー人からはイギリスの残虐さを教えられ、インドネシア人からはオランダの300年間の悪行三昧を聞かされ、カンボジア人からはフランスの残酷さの限りを伝え聞きました。とにかく酷いものでした。

インドネシアに降り立った「空の神兵」

例えば、インドネシアはジャカルタを占領された1619年から日本がインドネシアに進出した1942年まで、300年以上の長きにわたり、オランダの植民地でした。オランダ人の過酷な植民地政策で、インドネシアの人々は苦しみに喘《あえ》いでいたのです。

そこに現れたのが日本でした。

インドネシアには、「ジョヨボヨ神話」という話が古くから伝えられていました。

「我らが王国はどこからともなくやって来る白い肌の人々に乗っ取られ、長きにわたり苦しむ。そして空から舞い降りてくる黄色い肌の人が助けてくれるであろう。黄色い肌の人も我らが王国を支配するが、それはトウモロコシの寿命と同じぐらい」（要約）

歴史はまさしくジョヨボヨ神話の通りとなりました。昭和17（1942）年、「空の神兵」と呼ばれる日本の落下傘部隊が舞い降り、オランダの白き人々と戦い、たった9日間で叩きのめし追っ払ったのです。「自分たちと同じ黄色い人々が、大きな白い人々をやっつけた」とインドネシアの人々は驚き、歓喜の声を上げました。「日本が残虐な白人支配からインドネシアの人々を救った」と言う国民は、今もたくさんいます。

これは日本の教科書では決して教えてくれない歴史の真実です。日本の学校の先生たちは、いつまで「日本だけが悪い。日本は悪の帝国。自分たちの父母、おじいさん、おばあさんは悪いことをした」と教え続けるのでしょう。私たち日本人は、欧米からの情報を信じ込み、いつの間にか、「白人たちは正しくて、日本は悪だった」と思うようになってしまいました。

アジアの国々の一員でありながらも、植民地時代の有色人種の地獄を日本人はまったく知りません。悲しいかな、これが現実です。

ぜひ日本人には、昭和20（1945）年以前のアジアを勉強してほしい。その植民地政策でいかにアジアの人々が苦しんでいたかを。日本とタイを除くすべてが白人の植民地だった時代が、ほんの70年前まで世界に存在していたのです。

世界で初めて「人種差別撤廃」を提案した国

第一次世界大戦終結後の大正8（1919）年、パリ講和会議の国際連盟委員会において、世

国際連盟委員会。前列左から珍田捨巳《ちんだすてみ》（駐英大使）、牧野伸顕《まきののぶあき》（元外相）、後列左から９人目にアメリカ大統領ウッドロウ・ウィルソン。

界で初めて人種差別の撤廃を明記する提案を行った国があります。日本です。

当時の世界情勢を見ると、この提案がいかに勇気ある行動だったかと、日本を誇らしく思います。アフリカ、アジアなどの有色人種国家のほとんどが欧米列強の植民地で、白人以外は人間ではなかった時代。有色人種からの搾取、略奪そして虐殺は当たり前。よくもこれほど酷いことができたものだ、と心底怒りを覚えます。いかに白人帝国主義の連中が醜かったか。

そんな有色人種は家畜と見られていた時代に、日本は「いかなる人種であろうとも人間は平等」だと国際会議の場で堂々と主張したのです。

提案は、各国代表の圧倒的多数の支持を得て可決されると思われました。しかし、当時のアメリカ大統領ウィルソンは、「全会一致」でなければ可決できぬと、これまでの多数決で決定するルールを突然変更し、否決となりました。

日本人はこの人種差別撤廃案をもっと誇るべき

です。日本の勇気ある行動を、子供たちにもっと伝えるべきだと思います。

日本が戦争に敗れた昭和20年以前は、白人以外の有色人種は人間ではありませんでした。当時の有色人種国家の中で、自国を守るために戦い続けていたのは日本だけだったのです。どれほど、虐められ、蔑まれたでしょうか。黄金の国ジパングを植民地に、と白人たちは画策し、押し掛けてきました。それに対して日本人は誇りをかけて戦ったのです。

歴史に「もし」は禁句ですが、もし先人のみなさんが命がけで日本を守ってくれなかったら、今の世界はなかったでしょう。もしかしたら、私たち日本人も白人の奴隷になっていた可能性すらあったのです。

なぜ日本は悪口を言われるのか

植民地政策時の有色人種の苦しみは、筆舌に尽くしがたいほどですが、その悪行を表にさらけ出されるのを恐れる白人たちと共に、「日本が残虐だった」のプロパガンダが今でも行われています。

わずか70年ほど前まで、有色人種国家のほとんどは白人帝国主義の植民地でした。有色人種を奴隷とし、残虐な搾取を続け、一部の白人たちは豊かさを満喫していたのです。それをぶち壊した日本が憎たらしくないはずがありません。まさしく目の上のタンコブ。何をやっても白人と堂々と渡り合う日本人さえいなければ、白人完全優越主義の世界は現在も続いていたかもしれないのですから。

インドネシアでは300年以上もの間オランダの植民地となり、搾取、略奪、虐殺の限りが行われたにもかかわらず、教育においては「オランダよりも日本の方が酷かった」と教え続けているといいます。植民地時代、戦争当時を知る先輩方は、「オランダは酷かった」ということを知っていますが、今の若者世代には「日本はもっと酷かった」との認識が定着してしまっています。

しかし、それはある意味では当然のことなのです。残念ながら今の世界は、まだ白人国家が強い。これが現実です。彼らを敵に回しては、インドネシアは吹き飛ばされてしまいます。外交はクールで現実的に行わなければなりません。残念なことですが、日本側にいるよりも、酷い目に遭わせた白人と共に手を握る方が国益となるのでしょう。

「日本のせいでダメになった」と嘆く国々

一方で、「日本のおかげでわが国がダメになった」とイギリスやオランダなどの高名なジャーナリストや著名人が述べていることを知ると、嬉しくなります。

「日本がアジアの植民地に攻め入り、白人たちを追い出した。そのおかげで自分たちの国は大きな利益が失われた」と、日本憎しの表現を時折見かけます。イギリスはインドから莫大な利益を上げ、大英帝国を維持していました。オランダは国家予算の3割あまりをインドネシアから吸い上げていたといいます。

イギリスのインド植民地支配は、それは酷いものでした。オランダのインドネシア支配、フランスによるベトナム、ラオス、カンボジアの植民地支配も残虐の極みだったのです。

欧州諸国が、日本が戦争に敗れた後、利益をもたらす植民地を取り返そうと必死になったのも当然です。しかし、すでに手遅れでした。日本が白人たちを放逐《ほうちく》する姿を見て、アジアの人々は目覚めたのです。毅然としてイギリスやオランダ、フランスに立ち向かい、結果、アジアからは植民地はなくなり、現在の姿になりました。

「日本が自分たちの植民地を崩壊させた」の言葉はありがたい。先の大戦は、植民地解放という日本の大義があったのを認めているようなものです。

常に批判されやすい状況にあるのが私たちの日本国。ただし「日本のすごみ」があります。酷いプロパガンダがあるにせよ、日本の平和外交に対して世界は高く評価しています。事実、日本を信頼し尊敬するアジアの国家は多い。「日本を悪」とする宣伝戦にも負けず、「日本が好き」というアジアの人々も大勢いるのです。「日本が大好き。日本人は誠実で真面目。できるなら日本企業に勤めたい」、そんな言葉をたくさん聞いてきました。

世界の歴史を知れば知るほど、外国に足を運べば運ぶほど、日本はすごい国だと感じます。そして、日本人の誇りを深く持つようになります。

今、やっと、まともな国になろうとしている日本。自分の国を自分で守るのは当たり前すぎる世界の常識。右傾化してきた、戦争の足音が聞こえるなどと語る人々もいますが、自分の国は自分で守る日本人でありたい。日本はすごい国なのです。

隣の国とは仲が悪いのが当たり前

日本人は隣国から嫌われたり、悪口を言われたりするのに慣れていないと思います。近隣国による訳の分からぬ歴史観や屁理屈で、日本は叩かれっ放しです。それを真に受けてしまい、「私たちがいけない」と胸を痛める心優しき日本人も少なくありません。

ところがどっこい、隣国同士は仲が悪いのは当たり前。隣の国の悪口を言うのも当然、と考えた方がよいでしょう。あくまで私が現地で体験し、聞いてきたことですが、隣国の悪口を聞く体験は雨あられのごとし。カンボジア人はベトナム人が大嫌い。ベトナム人は中国人を嫌う。タイ人とカンボジア人の対立も根が深い。タイ人はミャンマー人を嫌い、ミャンマー人はバングラデシュ人を嫌う。カナダとアメリカ、メキシコとアメリカ、オーストラリアとニュージーランドと、それぞれが仲が悪く対立していました。

仲良く付き合う、ではなく、喧嘩しながら付き合うのが大事だと感じています。相手から言われっ放しでは外交は成り立ちません。堂々と胸を張って言い返さないとやられてしまいます。黙っていると認めたことになるのが世界の常識。それで日本は、今まで外交と情報戦略で敗れてきました。

さあ、そろそろ毅然とした態度で、理路整然と悪口を言う隣国と相対する時期に来ていると私は思います。

日本が嫌いな日本人

ちなみに、お隣の国々では、日本を叩き、日本企業を襲い、日本人を卑《いや》しめても、言いがかりをつけて大金を分捕っても、「愛国無罪」で許されるようです。

一方、日本には「売国無罪」があるのではないかと思っています。従軍慰安婦問題、南京大虐殺問題など、日本を貶《おとし》めるマスコミや政治家が、どんなに誤った情報を流したり、行動したりしても罪に問われることも、糾弾されることもありません。おかしなものです。

しかし、私が「日本の素晴らしさ」をフェイスブックで発信すると、「日本人も差別をした」「日本人は虐殺をした」「日本人は悪」だと相当数のコメントで叩かれてしまいます。それを見るにつけ、私はいつも「日本が嫌いな日本人が多いんだな」と残念に思います。だからこそ、日本人が誇りを持てるために発信し続けねばと熱く燃えるのです。

日本の子供たちはあまりにもかわいそうだと思います。子供たちに「自分の国は悪、誇りを持ってはいけない」と刷り込む大人たちがいるのは、世界で唯一、日本だけです。

大人たちは、自国の国旗を掲揚することさえためらいます。隣国からの戯言《ざれごと》に狼狽《ろうばい》し、ペコペコと頭を下げ、金を払い続けています。自国を守ることすら忘れた大人たちの姿から、子供たちが自信と誇りを見いだすのは難しいでしょう。

討論会などのテレビ番組において、外国人の大学教授や日本の知識人から、「日本はアジアから孤立している」「アジアの人々が日本に不信感を持っている」など、まるで「日本が全アジアから嫌われている」かのような発言を聞くと、大きな違和感があります。

アジアから嫌われているとはトンデモナイ。真実は逆です。「アジアから信頼され尊敬されているのは私たち、日本です」と声を大にして言いたい。

私は本を読んだり机の上で学んで言っているのではありません。自分の足で200回近くアジアのさまざまな国を訪ね、その土地の人々と語り合って分かったことです。「日本人と共に働きたい」「日本から学びたい」「日本企業に来てほしい」と日本を信頼する言葉をアジアの人々からたくさん聞いてきたのです。

「アジアから孤立している。アジアから嫌われている」という情報が意図的に流布《るふ》されてきたのではと訝《いぶか》ります。「日本人は嫌われている」と日本人に思わせた方が都合の良い人々がいるのだろうかと思うと、悲しくもあります。

日本を嫌っているのは近隣の3カ国とチョット（日本を嫌う一部の日本人）に過ぎません。

それでも最近、これまで一部のマスコミや教育界の人間などが発信し続けてきた、「日本はアジアを侵略し、残虐の限りを尽くしたから嫌われている」という情報が、ただの虚言だということが、やっと世間にも知られるようになってきたようです。

例えば、ASEANが公表した「日本に対する信頼度の高さ」に関する調査結果を見ると嬉しくなります。欧米、中韓、オセアニア、ロシア、インドに比べると日本への信頼度が圧倒的に高いのです。

さすがに、「日本がアジア全体から嫌われている」という虚言を発信してきた一部マスコミも最

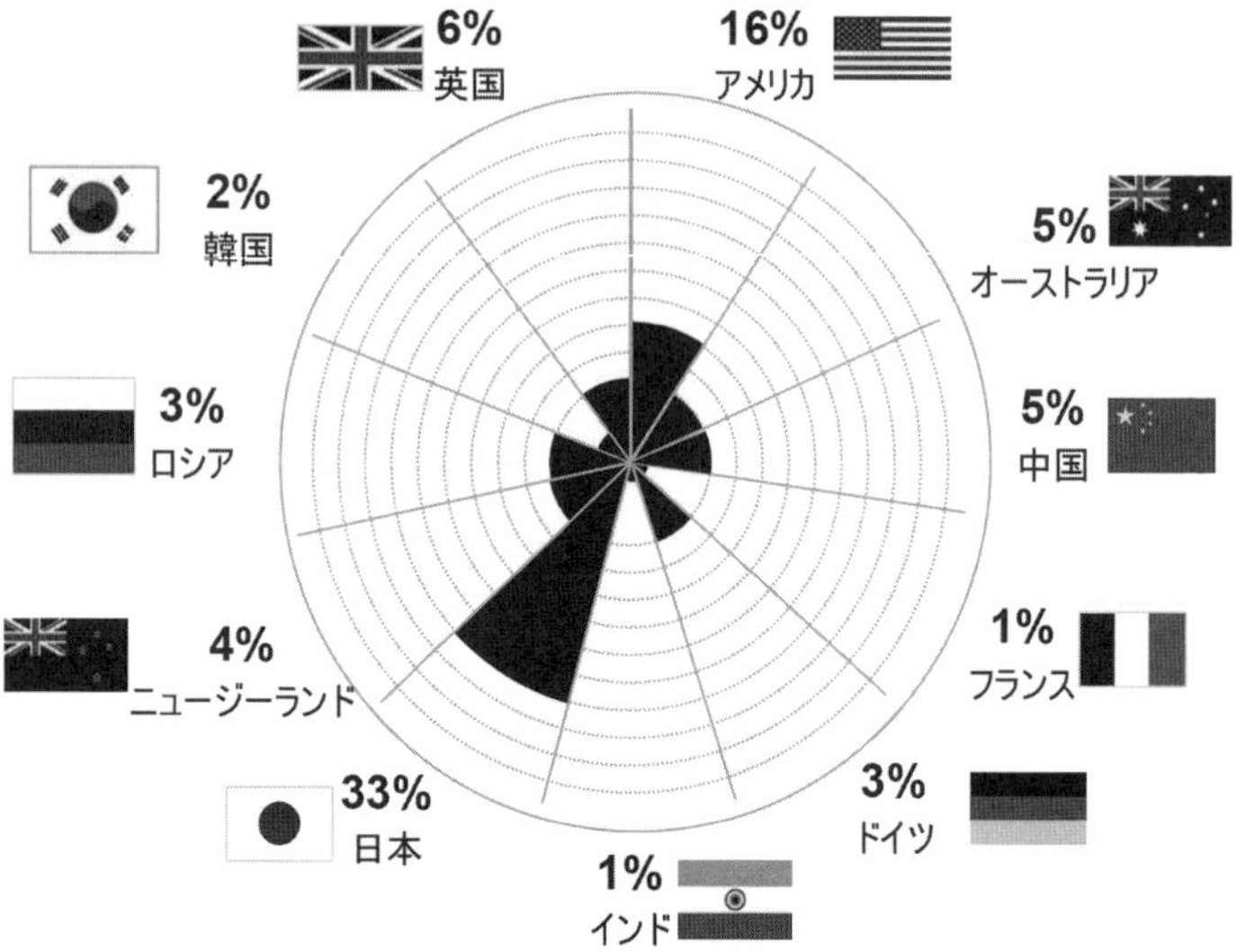

ASEAN 7 カ国（インドネシア、マレーシア、フィリピン、シンガポール、タイ、ベトナム，ミャンマー）における対日世論調査結果。「次の国のうち、最も信頼できる国はどの国ですか。」という質問に対し、日本は調査対象の11 の国の中で最も信頼できる国と評価された。（外務省「平成 25 年度 ASEAN における対日世論調査」）

近、あまり伝えなくなったように思えます。

日本を嫌い、反日教育を行っている国はほんの一部に過ぎません。今後、日本嫌いのアジアの国と、どう付き合っていくかが日本の未来を決する重大な鍵となるでしょう。

日本はアジアから愛されています。だからこそ「日本統治時代の美しさ」や「日本が愛される姿」を伝えていきたいと強く思うのです。

第1章

日本が戦わなければ世界はどうなっていたか

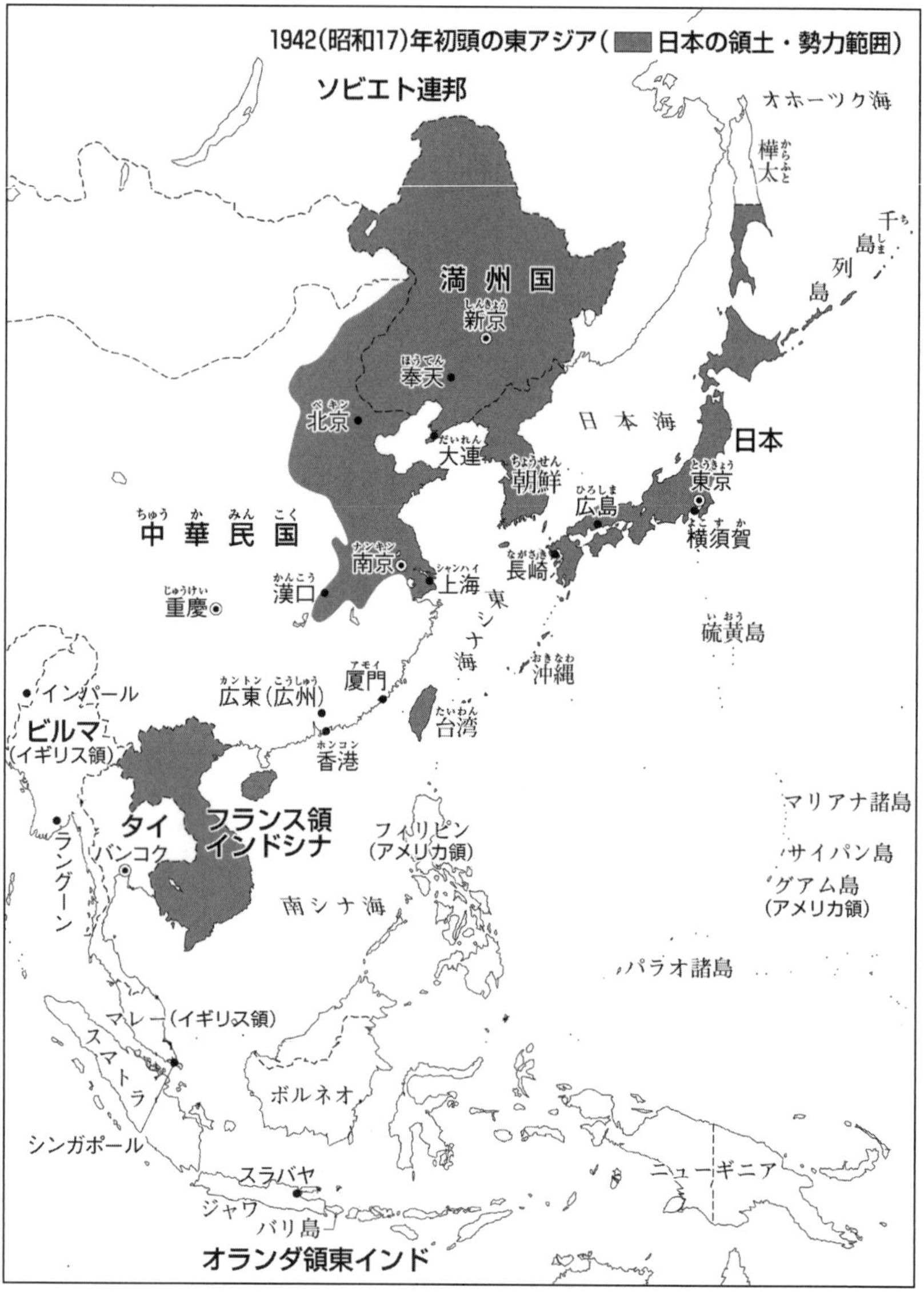

1942(昭和17)年初頭の東アジア(■日本の領土・勢力範囲)
ソビエト連邦
オホーツク海
樺太《からふと》
千《ち》島《しま》列島
満州国
新京《しんきょう》
奉天《ほうてん》
北京《ペキン》
大連《だいれん》
朝鮮《ちょうせん》
日本海
日本
東京《とうきょう》
広島《ひろしま》
横須賀《よこすか》
長崎《ながさき》
中《ちゅう》華《か》民《みん》国《こく》
南京《ナンキン》
上海《シャンハイ》
漢口《かんこう》
重慶《じゅうけい》
東シナ海
硫黄《いおう》島
沖縄《おきなわ》
厦門《アモイ》
広東《カントン》(広州《こうしゅう》)
台湾《たいわん》
香港《ホンコン》
インパール
ビルマ
(イギリス領)
マリアナ諸島
サイパン島
グアム島
(アメリカ領)
タイ
フランス領
インドシナ
フィリピン
(アメリカ領)
バンコク
ラングーン
南シナ海
パラオ諸島
マレー(イギリス領)
スマトラ
ボルネオ
シンガポール
ニューギニア
スラバヤ
ジャワ
バリ島
オランダ領東インド

1　台湾――今に生きる「日本精神」

私は台湾が第二の祖国と思うほど大好きだ。

人は単純なもので、幼い頃、近所に暮らす「台湾人」の友達がいて、いつも一緒に遊んでいたせいかもしれない。

30代の頃、仕事面で台湾のみなさんにたいへんお世話になった。１９９０年代には台湾との取引も多く、絶大なる応援をいただき、かなりのお金も稼ぐことができた。いくら感謝しても足りないくらいだ。

台湾と日本の深い絆、台湾人の苦難の歴史を知れば知るほど、「もっと知らねば、学ばねば」と感じる。そして、「日本の若者たちに台湾と日本の深い絆と歴史を伝えねば」との思いも湧いてくる。

日本統治時代を知る人生の大先輩方は80歳を越えている。かつて日本人だった人々の思いを歴史の証しとして残したい。

みなさん、どうか「台湾国」へ足を運んでほしい。毅然とした昔の日本人の姿を、台湾人に見ることもある。日本人が台湾人から学ぶことは多いと私は思っている。

「夕焼け小焼け」を合唱した観光バス

私は30代の頃、台湾にとてもお世話になった。昭和58年に創業した撮影関連会社「JAN」が現在も続いているのは、台湾のみなさんのおかげでもある。

沖縄観光に訪れた台湾の中高年富裕層のみなさんをビデオカメラで撮影し、観光の思い出として販売するビジネスは大成功。当然、お客様との会話も多くなる。すると「日本に対する愛情溢れる言葉」が一杯。日本と台湾の歴史をまったく知らなかった当時の私には、大きな衝撃だった。

美しく装う60代の女性に「綺麗だねー」と褒めると、「日本人みたいでしょう」と喜んでくれる。物静かな70代のおばあちゃんに、「上品ですねー」と声をかけると、「日本人のようでショ」と満面の笑みを浮かべる。私との日本語での会話も楽しむ。「久しぶりに日本語を話せるから嬉しいの」とニコッと笑う。

「私の日本名は鈴木三郎です」と、ある台湾のおじさんは胸を張る。他の人々も次々と、小林太郎、木村正太と日本名を伝えてくる。女性たちも「私は幸子」「京子」「純子」とやはり日本名を教えてくれる。観光バスの中では、「夕焼け小焼けで日が暮れて、山のお寺の鐘が鳴る～♪」と童謡、唱歌、軍歌などを唄い続ける。

「アーッ！　これほどまでに日本を愛してくれているのか」と涙することもあった。

私は30代半ばまで、「台湾の50年間の日本統治時代は地獄だった。台湾の人々を虐《いじ》め、搾取《さくしゅ》、略奪などの悪行三昧を続け、台湾の人々から憎まれている」と思っていた。

しかし、日本を愛する無数の台湾の先輩方と触れ合い、逆に日本の教育がおかしなことに気付いた。

台湾は70年前は日本だった

私は現在では大学の非常勤講師や教育現場での講演、また、私が主宰している「日本塾」などで、若者と触れ合う機会が多い。

台湾が50年間日本だったことを知らない日本の若者は多い。「台湾は日本の一部だったのですよ」と話すと、「ウッソ〜。知らなかった」と驚く。こっちの方が「まさか！」と愕然《がくぜん》とする。

明治28（1895）年、日清戦争に勝利し、下関条約において台湾は日本に割譲《かつじょう》される。その後、昭和20（1945）年に大東亜戦争で日本が敗戦するまで半世紀にわたり、台湾人は日本人だった。

日本の教育では、台湾と日本の歴史は教えられていない。学校の教科書では朝鮮統治についての記述は多いが、台湾統治はほとんど出てこない。変だと思いませんか？　日本に、「謝罪しろ」と叫び続ける国とは真逆な台湾。「日本を心から愛する台湾」を、なぜ、教えないのだろう？　不思議だ。

孫文、蒋介石と並ぶ日本人の国神

16世紀の中頃、台湾はポルトガルによって発見され、その後オランダに統治され、西欧列強植民地主義の犠牲となっていく。日本では、白人国家が有色人種国家に対し残虐な侵略を行ったこの時代を、「大航海時代」とロマンに溢れた美的言葉で教えているが、これは大間違い。「大侵略、大虐殺時代」と教えるべきだと私は思う。

ポルトガルの侵略船が台湾を発見した時、「フォルモサ」（麗《うるわ》しの島）と叫んだという。そこから地獄が始まる。

植民地になった国々は徹底した収奪と虐殺を受ける。私自身、アジアの至る所で、植民地時代を経験した人生の大先輩から、その苦しみを聞いてきた。

オランダは台湾人に人頭税（所得に関係なく一人ひとりに高税をかける）を、何と7歳の子供にまで押しつけた。「税を払えぬものは殺しても構わない」との悪魔の所業。

また、以前から暮らす現地人と、大陸からやって来た漢人との対立を構築し、互いに争うようにしむけた。

これらは西欧列強の植民地政策の基本パターンだ。インフラ整備、教育など、現地に暮らす人々に役立つことは行わず、収奪だけを目的とする。わが国がパラオ、台湾などで行った政策とはまったく違う。

多くの台湾人がオランダによって収奪、虐殺された。奴隷状態は、１６６1年、オランダの牙城であったゼーランディア城が、鄭成功《ていせいこう》によって陥落させられるまで続く。

孫文《そんぶん》、蒋介石《しょうかいせき》と並び、台湾の人々から「三人の国神」と尊敬されるのが鄭成功である。台湾の人々から尊敬され「国姓爺《こくせんや》」と慕われる鄭成功は、日本人の母を持ち、子供の頃は長崎県平戸に育つ。幼名は福松という。日本人の母、田川マツは、福松を侍として厳しく教育する。

福松少年は7歳の時に父親の福建人の鄭芝竜《ていしりゅう》と共に、大陸へと移り住む。やがて成人すると見事な武将となり、明時代（１６００年代）の皇帝に仕える。

その戦い方は日本の武士そのものだった。鎧 兜《よろいかぶと》を身に着け、騎馬兵や鉄砲隊などの部下を巧みに指揮する。その強さは並外れていたという。21歳の逞《たくま》しき男に成長した福松は、その誠実さと勇ましさを認められ、明朝皇帝、隆武帝《りゅうぶてい》に拝謁《はいえつ》が叶う。その時、皇帝から鄭成功と名を与えられる。

その後、明国の力は衰え、清国が台頭。明国は滅亡へと向かうが、鄭成功は信義を尽くし、明の軍人として戦い続ける。しかし、清国の圧倒的勢力には勝てず、部下を引き連れて台湾へと渡る。

当時の台湾は、オランダが植民地状態で統治していた。麗しの島といわれた台湾に暮らす人々は、オランダの植民地支配で地獄の様相。

鄭成功は最新式の大砲や銃などの武器を揃えるオランダへ戦いを挑む。日本式の鎧を身に着け、鉄砲隊や騎馬兵を巧みに操り戦う。そしてオランダを降伏へと追い詰めた。

鄭成功はまぎれもなく台湾の基礎を築いた人物である。彼の銅像は台湾はもちろんのこと、対岸の福建省廈門《アモイ》にもそびえ立つ。

勇者の血の半分は日本人。しかし、日本人が鄭成功をほとんど知らないことに、台湾の友人は愕然としていた。

台湾で神と祀られる日本人警察官

台湾で「義愛公《ぎあいこう》」と崇《あが》め祀《まつ》られる日本人、「森川清治郎」の名前を聞いたのも、台湾の人からだった。

警察官だった日本人が台湾で神として崇められている。その名は森川清治郎。神としての名は「義愛公」。彼が祀られるお寺は、現在でも線香が絶えることはない。

明治30（1897）年、森川清治郎巡査は日本統治下時代の台湾に赴任し、嘉義《かぎ》県東石郷《とうせききょう》副瀬村派出所勤務となる。

警察官が村長のような役割も担っていた当時の台湾。村人を心から愛し、警察官業務は当然ながら、子供たちの教育にも尽力。日本から教科書を取り寄せ、寺子屋を開き、読み書きを指導。衛生教育にも熱心で、ちょっとした病気は彼が治療をすることもあった。村が豊かになるよう、懸命に努力を重ね、村人からも尊敬されていく。

ところが台湾総督府は漁業税を新たに制定。漁業税の負担は貧しい村人には重すぎた。森川巡査は村人の窮状を思い、「何とか減税をしてくれ」と陳情。しかし、この森川巡査の誠実

「富安宮」にある高さ55センチの森川清治郎巡査のご神体（台湾・嘉義、2008年、写真：朝日新聞社）

な思いに対し、役人は冷淡にも陳情を撥《は》ね付ける。それどころか、「村人を先導して謀反を起こそうとしている」と曲解し、疑いを持たれた森川巡査は訓戒処分になってしまう。

森川巡査は村人に、「すまない。何とか頑張って税を払ってほしい」と苦渋の発言をした。

その後、一徹な性格ゆえか、抗議の意を表したのだろうか、森川巡査は頭部を銃で打ち抜き自殺した。

しかし、森川巡査の死後、不思議なことが起こる。21年後の大正12（1923）年、台湾にコレラが流行。李九村長の枕元に制服姿の森川巡査が現れ、「衛生に注意し、飲酒控えめ、生水、生ものは口にしないように」とお告げを与えた。李九村長は、そのお告げを村人に伝え、実行。その結果、コレラ患者は一人も出なかった。

以後、森川清治郎巡査は神として祀られる。副瀬村のみならず周辺にも分霊され、義愛公信仰は今も続いている。

私は直接足を運び、村人のみなさんに義愛公のことを聞いて廻った。村人たちは心の底から尊敬と愛情の念を持っていた。「義愛公は私たちを守るため、自らの命を捧げてくれた。自殺したのは神となって私たちを守るためだった」とまで語る。

神様として祀られている日本人、義愛公は若い人々にもしっかりと受け継がれていた。１００年ほど前に建てられた台湾独特の住居を見せてもらうために、あるお宅を訪ねた。そこには40代の奥様と50代前半の旦那様がいた。一通り自宅を見せてもらった後に聞いた。

「義愛公のことは知っていますか？」

「もちろんです。大事にしています。日本人の警察官のことは絶対に忘れてはいけません。子供たちにも教えています」

私は「これはよかった」と嬉しさが溢れた。しかし、

「日本人の神様を大事にしてくれて本当に感謝しております」

と伝えると、夫婦の表情がガラリと変わり、真剣な顔で、

「トンデモナイ！　日本人には心からの感謝と尊敬の念を持っています。両親から、日本人がいかに素晴らしかったかを聞いて育ってまいりました。義愛公だけではなく日本人は真面目で優しかった。現在の台湾の基礎をつくってくれたのは日本人です。お礼を言うのは、こちらの方です。ありがとう」

義愛公のお守り。

と最大限の感謝の言葉をいただいた。

台湾は大の親日国。先人たちの誠実さが、日本人の素晴らしさを台湾に残してくれたと感謝の思いしかない。ますます台湾が好きになってしまう。大事にしなければと改めて心に誓う。「謝謝」台湾！

義愛公が祀られるお寺で線香を立てて手を合わせる。参拝を終えて帰ろうとすると、80代の男性が駆け寄ってきた。手には何かを持っている。

「チョット待ってくれ日本人！　これを持って帰りなさい」

と大事そうに義愛公のお守りを渡してくれた。ヒゲモジャの警察官の森川巡査の毅然とした姿が描かれている。多くの村人たちが、このお守りを首からかけているという。悪霊や災いから守ってくれる。

「かつて森川巡査が村人たちを守ったように、アナタも守ってくれますよ」

とニコニコしながらプレゼントしてくれた。

聞くところによると、日本人が参拝をしてくれたときには特別に義愛公のお守りをプレゼントしているようである。ありがたいことだ。村人の優しさと日本人に対する思いが身に染みる。多くの日本人にも、ぜひ、日本人が神と祀られるお寺を訪ねてほしい。日本人として誇らしくもなるが、身も心も引き締まる。

廟に祀られている零戦パイロット

台南市安南の町に、日本人の零戦パイロットが神として祀られている。その名は杉浦茂峰海軍兵曹長である。

大東亜戦争で杉浦兵曹長の零戦は、圧倒的に数で勝る米軍機と交戦するも、被弾して墜落した。その時、目の前には木造家屋が密集する村があった。

「このままだと多くの人々を巻き添えにしてしまう」と操縦桿《かん》を握りしめた20歳の若き日本兵は、グーッと再上昇するために踏ん張り、民家のない畑まで愛機を運び、墜落。壮絶な戦死を遂げた。

戦争が終わった後、不思議なことが起こる。枕元に白い帽子の日本の若き海軍士官が立つ夢を見た村人が数名、名乗り出た。互いが見た夢を照らし合わせると、村人たちを案じるかのように見つめる霊は、杉浦兵曹長に違いないということになった。

そこで、零戦が墜落した状況を調べると、村を戦火から救うために自分の命を犠牲にしたことが分かったのである。

村人たちはその恩に報いるために、感謝の思いを込めて廟《びょう》を建て、神として祀った。

台南市にある飛虎将軍廟には多くの人々が訪れ、線香を立て手を合わす。毎日「君が代」と「海ゆかば」が村人によって祝詞《のりと》として唄われる。

飛虎将軍廟に飾られている杉浦兵曹長の生前の写真を見ていると、「なぜ、こうも日本人は気高くあったのだろうか」と頭が下がる。

平均身長１５７センチ、平均体重57キロ。これが当時の日本兵の体であった。何と小さき男たちであろうか。それでも身体能力は抜群に高かった。心は広く大きかった。公のために、愛する人々のために、命を投げ出すことも厭《いと》わぬ勇敢な男たちだった。

「レフトサイド」に傾く人々は、彼らのことを「洗脳されたから」「戦前の教育が間違っていたから」などとほざく。「ふざけるな！」と言いたい。彼らは美しく気高き男たちである。

現在の日本の男たちは身長も高く体も大きいが、心は狭く、小さくなってしまったのかもしれない。自己利益と自己保身だけで生きている男たちも多いだろう。自分自身を見つめても恥ずかしくなってしまう。わずか70年前、その当時の日本男児から学ぶことは多い。

台湾の教科書に載っている金沢市の偉人

台湾の教科書にも載っていて、尊敬されている日本人に八田與一《はったよいち》がいる。石川県金沢市出身の八田與一は、台湾の農業水利事業に大きな貢献をした人物。日本においてはあまり知られていないのだが、ぜひとも日本のすべての歴史教科書に取り上げてほしい偉人だ。

台湾南部の嘉南平原は灌漑《かんがい》設備が整わず、常に干ばつの危機にさらされ、人々は苦しむ。時には飢餓状態に追い詰められることもあった。

立ち上がったのが日本人土木技師の八田與一だった。それこそ命がけで烏山頭《うさんとう》ダムを建設、貯水量1億5000万㎥の大貯水池を完成させる。さらに地球半周分にも及ぶ全長1万6000キロメートルにわたり、平原全体に網の目のように給排水路を張りめぐらせる。そして、この嘉南平原は大農業地帯となった。

台湾の大先輩に、「八田先生を知っているか?」と聞くと、「誰でも知っているよ。台湾を救った大恩人だ。神のような人だ」と大声で言った。「日本精神」を全うした人物でもある。そんな偉人を多くの日本人が知らないのは、残念でたまらない。

八田與一は一時、日本へ帰国し、フィリピンの灌漑調査のため、昭和17(1942)年、大洋

烏山頭ダムのほとりにある八田與一の銅像。ダム完成後の昭和６（1931）年に作られた。大東亜戦争末期の国家総動員法にもとづく金属回収令や、敗戦後の蒋介石時代には日本の残した顕彰碑などの破壊命令があったが、地元の人が像を隠して守った。像は 1981 年に改めて、現在の位置に設置された。（写真：日本李登輝友の会）

丸へと乗り込み、向かう。しかし、五島列島付近でアメリカの潜水艦に撃沈され、非業の死を遂げる。

　外代樹《とよき》夫人も後を追うように、烏山頭のダム放水口に身を投げた。悲し過ぎる。

教育に命を懸けた6人の日本人教師

台湾統治時代には、日本に対する民族闘争も起きた。特に、「霧社事件《むしゃ》」について私たちは学ばねばなるまい。日本人の差別意識が台湾原住民の誇りを踏みにじり起きた事件だと、私は思う。

統治初期には日本人教師たちの命が奪われる事件も発生している。

台北に「芝山巌学堂《しざんがんがくどう》」という小学校があった。そこで「教育こそ最優先事項」と台湾にやって来た先生方6名が殺される事件が起きた。

治安が悪化した台北で抗日暴動が発生。先生方を敬愛する周辺住民は、「危ないから逃げてください」と必死の形相で頼むも、「死して余栄《よえい》あり、実に死に甲斐《がい》あり」と穏やかに、されど教育に対する命懸《が》けの思いを示し、逃げ去ることはなかった。

約100人のゲリラに襲撃された6名の教師たちは、惨殺された。しかし事件後、偉大なる聖職者の思いは台湾にしっかりと根付き、教育に対する高貴なる精神は、後の台湾教育者に大きな影響を与えた。

先生方が亡くなった芝山巌は「台湾教育の聖地」と呼ばれ、亡くなった先生方は尊敬の念を込め、「六士先生」と呼ばれている。

台湾やパラオの日本時代の歴史を学ぶと、わが国の統治政策は白人帝国主義の植民地政策とはまったく違うのがよく分かる。搾取、略奪とは言い難い。台湾開発にもわが国は莫大な予算を投入し、インフラ整備を徹底。医療、産業育成と驚くほどの力の入れ方だ。当時の台北などの主要都市は日本本土の地方都市よりも遥かに立派。日本時代の50年間で人口、寿命が急激に延びたのも当然と思われる。

「日本時代は、どうでしたか?」と台湾の先輩方に聞くと、多くが「素晴らしかった」と答える。

六士先生。前列中央が楫取《かとり》道明（山口県華族。吉田松陰の妹・寿《ひさ》と初代群馬県令・楫取素彦《もとひこ》の次男）、右が関口長太郎（愛知県士族）、左が桂金太郎（東京府平民）、後列左より中島長吉（群馬県平民）、井原順之助（山口県士族）、平井数馬（熊本県平民）。

「確かに日本人と台湾人の差別がありました。それでも日本人は素晴らしかった。日本が今の台湾の基礎をつくってくれた。ありがたいと思っています」と話す先輩方の表情からは、日本人に対するリップサービスは微塵《みじん》も感じられない。

ご老人たちは異口同音に、「特に教育が素晴らしかった」と話す。当時の日本人教師への評価は非常に高い。それまで台湾を治めてきた国々は原地住民に教育など与えなかった。自分たちに都合の良い人材育成のため、一部にエリート教育を与えるだけで、多くの人々は読み書きのできない状態だった。

しかし、わが国は「すべての台湾児童に教育を！」と懸命に行った。日本統治以前の学齢児童就学率は1％にも満たなかったのが、昭和15（1940）年には60％近くまでになる。台湾の経済発展の基礎となったと語るも過言ではない。

日本のために戦った「高砂義勇隊」

高砂《たかさご》義勇隊とは、大東亜戦争時、高砂族（タイヤル族などの台湾原住民族）の志願兵からなる部隊で、大和魂を胸に戦った。日本軍最強部隊は高砂義勇隊だとの評価もあるほど。

とにかく強かった。山岳地帯やジャングルに精通した男たちの戦い方に日本兵は目を見張り、尊敬の対象ともなった。暗闇の中で鼠一匹見逃さない「目」の良さ。日本兵が聞こえない異音に気付く「耳」のすごさ。軍靴を履くことなく裸足で野山を駆け巡る。熱帯地域戦線での彼らの活躍は多くの日本兵を救った。「彼らに対する恩は一生忘れない」と語る元日本兵も多い。

勇猛果敢で軍律も厳しく、誠実さと真面目さもよく知られる。

フィリピン戦線での出来事。ジャングルをさまよう日本兵たちは、餓死寸前まで追い詰められる。すると戦友を思う高砂兵が、「食べ物を取ってくる」と山を下りる。数日間も帰ってこないため捜索をすると、その兵士は戦友が待つジャングル手前で倒れていた。その背中には米袋が背負われていた。「戦友に食料を」と命を懸けて手に入れた米。自分自身も餓死寸前の状況。それでも米一粒にも手をつけず死んでいった。そんな高砂兵に、日本兵たちは泣いて、泣いて、泣き続けた。「命を懸けて日本のため、私たちの未来のために戦った高砂義勇隊」を日本人は知らないといけない。深い感謝の念を持たねばならぬと私は思う。

40年間も戒厳令下にあった台湾

私が30代の頃、沖縄に来た台湾人観光客に同行し、数多くの観光名所を廻ったが、困ったのは、日本敗戦後に蒋介石と共に大陸から台湾にやって来た「外省人《がいしょう》」と、日本統治以前から台湾に暮らす「本省人《ほんしょう》」との対立だった。

日本軍人として戦った本省人のおじさんが、「向こうにいるのは外省人たちだから、仲良くしてはイケナイ」と真顔で注意する。当時、台湾の歴史をまったく知らなかったが故に、「なぜ同じ台湾人同士で、こんなに仲が悪いのか？」と驚く。その後、台湾の歴史を書物で学び、「なるほど」

1947年2月28日、専売局台北分局前に集まった群衆。

と納得しながらも悲しくもあった。

昭和20（１９４５）年、日本が戦争に敗れて日本統治は終わる。そして、蒋介石率いる国民党の軍人や官僚が来て行政を引き継ぐ。「日本人が去って、同胞の元へ帰れる」と多くの本省人が喜んだと聞く。

ところが、外省人による政治の腐敗の凄まじさ、野蛮さに驚き、あまりの酷さに失望。日本時代の不正少なき統治の中で暮らしていた本省人には、決して受け入れられるものではなかったという。

１９４７年2月28日に、台北市で闇煙草を売る本省人女性に対しての役人や警官の暴力から始まった抗議運動は、凄まじい結果となった。台湾全土に広がったデモに参加した民衆に、国民党政府は容赦なく機銃掃射を行い徹底的に弾圧。

大陸から来た軍人や役人の腐敗と暴力にうんざりしていた台湾人たちの怒りが爆発した抗議

ビルの谷間には、日本人が暮らしていた家屋があちらこちらに残っている。（台北市）

運動は、瞬く間に全土へ広がる。

本省人たちは、日本の国歌「君が代」を唄いながら（当時の本省人全員が、「君が代」を唄えた）行進。「台湾人よ立ち上がれ！」と日本語で声を上げた。

しかし武器を持たない本省人の抗議運動は、武装した国民党軍隊に鎮圧される。一般市民にも無差別発砲。エリート層の多くが逮捕され、拷問のうえ虐殺。基隆《キールン》では、北京語を話せない人間をすべて逮捕。針金で手を貫かれ、束ねて海に投げ込んだ。驚くほどの残虐さ。

この事件により殺された台湾の人々は約２万8000人といわれるも、実際の数は闇の中。10万、20万と語る人もいる。いまだに実際の犠牲者数は分からない。

台湾を知るためには、どうしてもこの「二・二八事件」を語らざるを得ない。事件発生日から1987年までの何と40年間という世界史上、最長最悪の戒厳令となった。

私が若い頃、訪台時にはいろいろと注意を受けた。日本の週刊誌を持ち込んではいけない。政治の話は絶対にやってはいけないと言われた。

台湾人の15％程度は外省人。残念ながら、台湾人のほぼすべてが日本を好きなわけではない。そのことを日本人は知っていた方がいい。もちろん外省人のすべてが日本を嫌っているわけではない。日本を愛する外省人も数多い。

蒋介石の国民党時代の弾圧は、台湾に住んでいた日本人にも深い悲しみを与えた。

私の母親（90歳）は若い頃、台湾の台中に暮らし、国民学校の教師をしていた。高齢になり多くの記憶を失っていく中でも、台湾での青春時代のことは忘れなかった。いつも、「台湾は良かった。沖縄に帰りたくなかった」と話す。それほど、台湾を愛していた。

日本が戦争に敗れて、すぐに蒋介石率いる国民党が台湾に入ってきた。日本人には強制的に帰国の命令が下る。それでも日本人であることを隠して台湾に住み続けた人々も多かったようだ。

台湾のあちらこちらに日本家屋が現在も残る。70年以上も前に建てられた多くの家が朽ち果てる中、今も台北の一等地のビルの谷間に、ひっそりと佇《たたず》む日本式屋根瓦の家々が踏ん張っている。台湾の人々が暮らしているのだろうか？

「日本精神」（リップンチェンシン）を忘れるな！

身長178センチの堂々とした体格で足取りも軽やかな、御年80歳の大先輩が、「日本精神《リップンチェンシン》を

「池間さん！　日本精神を忘れずに、これからも頑張ってください」とじいさまは別れ際に励ましてくれた。俄然《がぜん》、気合が入った。

知っているか？」と聞いてきた。

台湾の人々が「日本精神」の心構えを尊び大切にしていると、多くの方々から聞く。言葉は知っていたが、その意味を深く知ることはなかった。

高齢ながらも元気ハツラツなじいさまが、「日本精神とは！」と語り出す。「責任感、勤勉さ、公正さ、規律、国を思う」などの、戦前の日本人が持っていた高貴な精神だと、ツバを飛ばして語る。

大先輩は、いかに日本人が素晴らしかったかを滔々《とうとう》と語る。「日本人は勇気があった。女は優しく強く上品だった。男は毅然として何事にも動じない強さがあった」と最大限の日本賛美を続ける。

台南で育ったこの大先輩は、いつも父や母から「日本人の素晴らしさ」を聞いていたという。本人自身も日本人の先生から学び、成長した。特に日本時代の台湾で教えていた教師の素晴らしさを強調する。我が子にも「日本人から学べ」と教育。二人の子供は日本へ留学し、長男は医師、長女は音楽教師となる。

「八田與一先生をはじめとして、多くの日本人が命をかけて台湾を愛してくれた。その日本精神に深く感謝している。だからこそ日本精神で生きてきた」

とじいさまは胸に手を当てる。そして、

「君は日本精神で生きているか？」

と私を指差す。唐突な問いかけに、私は「ハ〜ッ！」と俯《うつむ》く。とてもではないが、自分の人生は「日本精神」の高貴なる歩みではなかったと教えられた。

先人のみなさんの誠実さと真剣な生きる姿勢があったからこそ、台湾の人々は日本を信頼し愛し続けてくれる。「先人に恥じぬ生き方をせねば」と改めて心に誓う。

東日本大震災への「恩」は忘れじ

平成23年3月11日に発生した東日本大震災では、台湾にはお世話になったと改めて感謝の思いが湧いてくる。台湾は即座に援助隊を派遣してくれた。また、世界から93の国・地域、国際機関が計175億円の義援金や救援物資を寄せてくれたが、ここに含まれない台湾は単独で何と200億円を超える義援金も送ってくれた。

そんな台湾に対し、当時の民主党政権が無様で破廉恥な対応を行ったのは記憶に新しい。民主党政権は、一周年追悼式典で台湾代表を民間機関代表として冷遇。約160の国と国際機関の代表は来賓席が用意され、指名献花したが、台湾代表は一般席に案内され、一般参加者として献花した。

それでも台湾の人々は深い怒りと悲しみを抑え、日本を愛してくれた。感謝の思いは深い。「台湾ありがとう」と改めて言葉にしたい。

私と台湾の縁は深い。30代前半から「麗しの島」と呼ばれるこの国へ、30回以上渡航してきた。いつも思う、「台湾にこそ日本精神が残っている」と。

残念ながら日本を愛する台湾を知る日本人は少ない。日本の教科書には台湾と日本に関する記述はほとんどない。東日本大震災の時に、「なぜ台湾はすぐに駆けつけてくれたのか？　２００億円を超える募金を集めてくれたのか？　なぜ、これほどまでに日本を愛してくれるのか」、日本人には分からない。だからこそ伝えたいという強い思いが溢れてくる。

台湾を救った謎の釣り人――根本博

明治24（1891）年～昭和41（1966）年 福島県出身

２００９年、台湾国防軍中将が、「国防軍を代表して日本人の協力に感謝している」「雪中炭を送る（困ったときに手を差し伸べる）行為」と元日本軍人に対する感謝の言葉を述べた。

昭和24（１９４９）年、「チョット釣りに」と東京の自宅を出て、ボロボロ漁船で台湾に渡り、金門《きんもん》島古寧頭《こねいとう》戦役で国民党の顧問として作戦を指導、共産党の人民解放軍を撃破に導いた元日本軍人は、根本博陸軍中将と元日本兵顧問団。

昭和19（１９４４）年11月、根本中将は満州の駐蒙軍司令官に就任。敗戦直前に突如押し寄せ、日本敗戦後も日本人虐殺を続けるソ連軍と戦った名将でもある。

敗戦後ゆえに、ソ連軍との交戦は命令違反の罪に問われる可能性が高い。それでも、「日本人住民４万の命を守るのが大事」「責任のすべては司令官の私が取る」と日本軍守備隊に命令を下す。凄まじい白兵戦でソ連軍を追い払い、さらに八路軍（人民解放軍の前身）とも戦い、住民の命を守り通した。

日本敗戦から1年後、北支那方面35万の日本軍将兵全員を無事に復員させ、自分自身は最後の帰還船で帰国する。

この時日本人の帰還に力を貸してくれたのが、蒋介石《しょうかいせき》だった。その恩に報いようと、追い詰められた国府軍（蒋介石率いる軍）のために、根本中将は台湾に密航し、金門島へ渡り、戦い続ける。そして、共産党の人民解放軍を追い払う。

現在の台湾の形があるのは、根本中将の力も大きかったといわれる。蒋介石は感謝の品として、イギリス王室、皇室（日本）に贈ったものと同じ花瓶を、根本中将に贈呈。本来は一対の花瓶。その一個を贈る。もう片方は現在でも蒋介石の顕彰施設である「中正紀念堂」に展示される。

日本軍人は悪で残虐だと現在の日本人は教えられ続ける。しかしながら、日本軍人は偉大で高潔なる人物が多かった。その高貴なる精神は今の自衛隊に引き継がれている。

根本博陸軍中将（写真：朝日新聞社）

2　日本はかつてアメリカと戦った

ふと気付いたことがある。ほとんどの国は、戦争に負けた経験を持つ。天下のアメリカ様もベトナムで敗れ、それ以降、まったく勝てなくなってしまった。

アジアの国々は戦争に敗れた経験を持つどころか、長きにわたり欧米列強の植民地となり搾取、略奪、虐殺の酷い目に遭ってきた。それでも、それぞれの国民は自国に誇りを持ち、貧しくとも毅然とした姿を見せてくれる。

日本をよく知るパキスタン人が怒りを込めた表情で言った。

「日本人はどうなってしまったんだ？　お前たちはサムライの子供だろう。情けないくらい大人しくなってしまった。頼むから昔の日本人を取り戻してくれ」

先の大戦に敗れた歴史を知る男は、さらに「たった一回アメリカに負けただけで、誇りを失うとは何事か！」と静かに、しかし厳しく言った。

日本を愛しているからこその言葉だと嬉しくもあったが、「確かに、その通りだな」と悲しく情けない自分もいた。

ハワイ・アリゾナ記念館。先の大戦で亡くなられたすべての方に謹《つつし》んで哀悼《あいとう》の意を表す。平和こそが最も尊きものだ。

戦争を仕掛けたのはどちらか

12月8日は真珠湾攻撃の日。日本人は昭和16（1941）年のこの日から、先の大戦が始まったと教えられてきた。日本が卑怯な戦争を始めたと。果たしてそうだろうか？　私は疑問だらけだ。わが国は、「アメリカとの戦争をしてはならぬ」とあらゆる手段で平和を模索した。昭和天皇も徹底して戦《いくさ》には反対だった。日本は惨めともいえるほどの譲歩に譲歩を重ねて、アメリカと話し合おうとした。

時のアメリカ大統領フランクリン・ルーズベルトは、なぜ無視したのか。在米日本資産を凍結したのはなぜか。わが国を窮地に追い詰めた「ＡＢＣＤ（アメリカ、イギリス、チャイナ、オランダ）包囲網」を行い、資源を止め、石油を止めた。これでもかというほどの意地悪さ。

やはり、自力で独立を保つ唯一の有色人種国家は目障りだったのか？　日本は土下座外交とも思えるほどの甲案、乙案をアメリカに提示して、平和を模索。それなのになぜ、「ハルノート」を突きつけて、わが国を戦争に追い詰めたのか、と疑問だらけ。

いまだに「昭和天皇が独裁者だったため、日本は卑怯な戦争に走った」と思わされている日本人も多い。私は、アメリカが戦争を仕掛けた、日本は戦争をしないために悲しいまでの努力をした、と思っている。

マレー戦線で戦った父

私の親父はマレー戦線で戦った。戦争当時の思い出をあまり語ることはなかった。酔ったときに、マレー人と共に唄った歌を実に楽しそうに唄うぐらいだった。

今、非常に悔やんでいる。もっと親父から軍隊時代の話を聞くべきだった。どんなに辛い話でも語ってほしかったと後悔の念が強い。

「戦友を失った」と泣いたことが、一回だけある。気丈な親父が涙を流した。

私と同世代の方には、「両親から戦時中の話を聞いてくれ」、若者たちには、「祖父母から戦争のことを聞いてほしい」と頼んでいる。十数名の方が、「聞いてみたよ」と答えが返ってきたが、その多くは、「戦争のことは語りたがらない」との返事。

その通りなのだ。国を守ってくれた先輩方は、「日本は悪いことをした」との戦後の自虐史観社会の中で言葉を失ってしまった。口を閉ざすのは仕方がない。

体験から言うと、「みなさんが戦ってくれたからこそ、今の平和で豊かな日本がある。心から感謝しています」と伝えてから尋ねると、口を開いてくれる。悲しい体験も語ってくれる。20年前に他界した親父にも、感謝の思いを伝えてから聞くべきだったと、自責の念に駆られる。

戦争体験者の残された時間は短い。だからこそ聞いてほしい。大東亜戦争当時のことを。読者のみなさんが両親や祖父母に直に伺い、その言葉を私にも伝えてほしいと願う。自分は日本を守ってくれた先輩方を心から尊敬している。

マレー戦線のことは、かなり昔の話ではあるが、70歳代のマレーのおじいちゃんから聞いたことがある。

マレーシアは当時、イギリスの植民地で、人々は地獄の惨状にあった。

しかし、日本軍がイギリス領マレーとイギリス領シンガポールのイギリス軍を追い払った。真珠湾攻撃と同日、昭和16年12月８日にマレー半島北部に上陸し、イギリス軍と戦い、蹴散らしていく。たった55日間で１１００キロを駆け抜け、最南端のジョホール・バル市まで制圧。「有色人種の猿ごときが」と日本を舐め切っていたイギリス軍は完全に白旗を揚げた。この快進撃は世界戦史上でも極めて稀《まれ》だといわれる。

マレーのおじいちゃんは、「日本軍はすごかったよー」と何度も言っていた。心底、驚いたようだ。「ご主人様」と呼んでいたイギリス人たちを、「同じアジア人が追い払う姿」は衝撃だっただろう。

実在した「快傑ハリマオ」――谷豊

明治44（1911）年～昭和17（1942）年　福岡県出身

私事ではあるが、海外支援においてピンチやトラブル発生時には、自然と「真っ赤な太陽～♪」と始まる「快傑《かいけつ》ハリマオ」の歌が遠くから聞こえてくる。昭和30年代半ばの子供たちにとって、ハリマオは大ヒーローだった。

ハリマオのモデルは、福岡県生まれの谷豊《たにゆたか》だ。谷豊は幼い頃に両親と共にマレーへ渡る。子供の頃から人心を引きつける魅力を持ち、度胸満点。マレー・トレンガヌの街で暮らし、マレー人と共に遊び、成長していく。

青年期になり日本へ一時帰国していた際に、マレーで壮絶な事件が起きる。1932年、チャイニーズの暴徒たちが日本人街に押し掛け、谷家も襲撃を受ける。2階で寝ていた妹の静子が殺害され、首を切断される。事件後、犯人は捕まったものの、当時のイギリス司法は捜査するどころか日本人に冷淡な態度を示し、犯人をかばって逃がしてしまった。それに激怒した谷豊は、復讐の鬼と化す。

3000人（諸説あり）を率いる盗賊団が、豊かな華僑《かきょう》やイギリス人を襲う事件が頻発。「盗みはするが人は殺さない」「盗んだ金は貧しい人々に分け与える」、その盗賊団の頭目こそ日本人の谷豊だった。
大東亜戦争では日本の特務機関「藤原機関」に協力し、イギリス軍にゲリラ戦を展開したことも知られている。マレーの民衆からも大人気で、親しみを込めて彼のことを「ハリマオ・マラユ」（マレーの虎《とら》）と呼んだ。
深い悲しみからハリマオが誕生したと、大人になって書物を読み、知った。幼い妹の静子の残虐な殺され方も知った。哀れでならない。

武勳輝く〝マレーの虎〟

俠兒散って〝靖國の神〟

飜然祖國愛に醒めて挺身 英へ復仇の日本青年

大東亞戰爭の輝く戰果の蔭には數へ切れない佳話が秘められ、しかも國民に傳へられず永久に埋もれてしまふものも數々あるに違ひないが、これも危く埋もれようとした[illegible]の至情を織込んだ祖國愛物語である、開戰前三千のマレー人部下を指揮して北部英領マレーを股にかけ『強きをくじき弱きを助ける』任俠生活を送りつゝ虐げられたマレー人の味方となり[illegible]な英人や[illegible]からは〝マレーの虎〟の異名をもつて恐れられてゐた熱血日本青年が話の主人公で、飜然として祖國愛に目醒め部下を率ゐて皇軍の先鋒にたち、マレー作戰の第五列部隊となつて活躍、軍事探偵として立派な[illegible]をたて、遂に[illegible]に散つたのだつた、この[illegible]は、[illegible]のためこのほど歸還した藤原岩市少佐によつて大本營陸軍部に齎されたものだ[illegible]死の直前軍屬に任用された谷豐君は護國の神として永久に靖國神社に祀られることになつた

〝マレーの虎〟谷豐君（円内）[illegible]された妹の靜子さん

この[illegible]、熱血青年は谷豐君[illegible]といふが、彼がどうしてかゝる秘められた人生の裏街道、任俠の道を歩くにいたつたか？話は明治四十四年に[illegible]、當年二歳の彼は、[illegible]の志を抱いた[illegible]にともなはれてマレー東海岸のコタバルに渡つた、そこでジャングルを遊び場として逞しく育ち、十歳ごろには[illegible]ところが滿洲事變を[illegible]として[illegible]と起つた排日風潮はマレー半島にも[illegible]し、英官憲や[illegible]たちの邦人[illegible]は[illegible]加はり、日貨ボイコット運動さへ

「マレーの虎」こと谷豊の死を報じる新聞。（『朝日新聞』昭和17年4月3日付朝刊）

3 ペリリュー島――一日でも長く日本を守りたかった

パラオなどの南洋諸島の国々は大の親日国。日本の統治下に置かれ、先の大戦では激戦地となり、多くの現地住民が犠牲になったにもかかわらず、ほとんどの人が今でも日本を大好きだ。人口の少ない小国家ばかりだが、国連加盟国として、いつも日本に味方してくれる。国連総会の決議などでは常に日本を応援する貴重な一票を投じてくれるのだ。

「チチバンド＝ブラジャー」「シコーキ＝飛行機」など、パラオでは日本語がそのままパラオ語となった単語が600近くもある。それほど、愛している。

私はアメリカ軍統治時代の沖縄で生まれ育ったが故に、異民族に支配された人々の悲しみを身に染みて知っている。南洋諸島の人々も辛さや悲しみもあったと思う。

それでも日本が好きなのは、日本統治時代の日本人の真面目さ、優しさ、誠実さと触れ合ったからだと、現地の方から教えられた。パラオ共和国の人々は日本を大切にしてくれる。いついかなるときも日本を応援する大の親日国だ。

世界一の親日国パラオがどこに位置するかも分からない日本人が多いのは残念。世界地図でいうとフィリピンの右横、パプアニューギニアの上の方である。

パラオはペリリュー島の船着き場にある建物には、「ようこそペリリュー島へ」と日本語で大書された看板がある。戦争で亡くなった日本兵の遺族や関係者の方々が、この激戦の島へやって来る。遺族の高齢化に伴い、島を訪れる日本人も減少気味。もしかすると、あと20年ぐらいでペリリューのことが日本人の意識から消え去る可能性も高い。

ただの観光の島、ダイビングの島になってしまうのではと、余計なお世話ながらも危惧している。

日本時代が美しかった

パラオの歴史は悲しい。４０００年前から人々が暮らすようになったといわれるが、16世紀初頭からスペイン人やポルトガル人らがやって来た。

パラオは１８８５年にスペインから侵略を受け、植民地となる。圧政と虐殺、そしてヨーロッパ人が持ち込んだ天然痘《とう》などで、６万人の人口が６０００人まで激減した。

その後、グアムを除くスペイン領ミクロネシア全域が、ドイツに４５０万ドルで売却される。１８９９年からはドイツの植民地となるが、またしても圧政と搾取だけ。わずか35年の白人帝国主義植民地時代に人口は９割減となる。いかにひどい植民地政策だったかが分かる。

帝国主義の白い蛮人たちは、パラオの人々を人間とは思っていなかった。教育も与えず、インフラ整備も一切行わない。いかに搾取するかだけを考えた統治だった。

第一次世界大戦終了後、1919年パリ講和会議において日本が統治することが決まり、1920年に日本統治となる。

パラオの人々は、「どうせ日本も白人と同じように自分たちを苦しめるだけだ」と思っていた。ところが日本は違った。日本は白人国家のような搾取や虐殺を行うことはなかった。道路、電気、水道などのインフラを整え、病院や学校を建設し、農業指導や産業育成にも力を入れた。パラオの人々の生活水準は瞬く間に向上。それは見事なほどの統治を行った。見違えるようにパラオは良くなる。日本人も現地の人々も、共に学び、共に働いた。当時の街並みを写真で見ると、日本の地方市街とほとんど変わらない。

特に教育に関しては、日本がパラオを統治して、初めて学校教育がなされた。これはスペインやドイツでは考えられないことだ。なぜなら、「愚民政策」こそ植民地支配の基本だからだ。

約25年間の日本時代は、日本人の子供もパラオの子供も同じ学校で学んだという。日本本土とまったく同じ、人種差別なき政策を実行。優秀な子供たちが続出し、「パラオ人も、やればできる」と大きな自信を与えた。

「日本の先生たちはどうでしたか?」と先輩方に聞いてみる。答えはすべてが同じ。「日本の先生は素晴らしかった。厳しかったけど、みんな優しかった」と懐かしそうに語る。

自分の心に、「本当かな?」との少々の疑問も湧いたのだが、パラオに精通する先輩から写真を見せてもらった。白黒の写真には、同じ学校で学ぶ両国の児童の姿があった。嬉しかった。みんな、いい顔をしている。誰が日本人かパラオ人かも分からないぐらい。もちろん日本人学校も存在していた。だが、パラオ人と共に学ぶ日本人児童も多かったのである。

白人たちが行った非人間的な植民地政策とはまったく違った日本の善政は、パラオの人々を感動させた。

わが国のパラオで行った統治政策のすべてが善だったとは決して言わない。ただ、白人たちの植民地主義と違って、多くのことを応援したのも間違いのない事実。「日本に感謝しています」との言葉をパラオの方々から幾度も聞いた。

日本統治時代にパラオに移り住んだ日本人は、約2万5000人にも及び、特に我が故郷の沖縄出身者が最も多くやって来た。

20年近く前の話ではあるが、パラオから引き揚げてきたみなさんで設立された「沖縄パラオ協会」の式典に参加した経験がある。子供の頃にパラオで育った先輩方は、「パラオの暮らしは良かった。天国のようだった」と懐かしそうに語る。パラオの人々、日本人、朝鮮人（約2500人の朝鮮人も移住）もみんな仲良く暮らしていたという。

パラオは世界で一番の親日国だ。パラオの人々は、日本をとっても大事にしてくれる。

しかし、パラオの歴史を多くの日本人は知らない。これでいいのだろうか。反日国を大事にし、親日国を粗末にするのは間違いだと思う。日本人も、もっとパラオのことを知ってほしい。このような大の親日国を私たちはナオザリにしているのではなかろうか。

天皇の島

平成26（２０１４）年6月に、ペリリュー島へ行った。コロール島から、さらに船で2時間近くかけて、やっとペリリュー島へ到着。気温は35度近くはあるだろう。湿気が高く、立っているだけで汗だくになってしまい、Gパン、Tシャツ、カメラマンベストはグッショリ濡れてしまう。

ペリリュー島と日本との関係は、涙なくしては語ることができないほど深い。

「天皇の島」と呼ばれたペリリュー島。日本軍約1万、米軍約4万５０００、戦車、船舶、銃、火炎放射器、戦闘機などの物量は、米軍が日本軍の３００倍とも５００倍ともいわれる。まさしくわんぱく相撲チャンピオンと大相撲横綱との対決。

米軍は3日もあれば、この島を落とせると軽く見る。日本軍はおもちゃのような銃を持ち、ゲリラ戦で70日間以上も戦い続けた。中川州男《くにお》大佐率いる日本軍は玉砕《ぎょくさい》。その勇猛果敢な戦いに、天皇陛下から11度にわたる御嘉賞《ごかしょう》（お褒めの言葉）を賜る。

兵数、物量とも圧倒的優位なアメリカ軍と死闘を行い、全滅した日本兵。多くの日本人の命が、この島で散った。「サクラ、サクラ」と打電をして死んでいった。

「なぜ、これほどまでに戦い続けたのだろうか？　英霊のみなさんは何を思い命を捧《ささ》げたのだろうか？」とさまざまな思いが脳裏を駆け巡る。涙も湧いてくる。慰霊碑、オレンジビーチ、海軍司令部跡、中川大佐が自決した自然壕などで、線香を上げ、手を合わす。やはり泣けてくる。

ペリリューの人々は日本兵の墓、石碑などを大事にしていた。完璧とはいえぬまでも、しっかりと清掃を行い、守り通してくれていた。

日米の大激戦があったこの島へ、一人でも多くの日本人に足を運んでほしいと願っている。

それでも日本軍は戦った

私が子供の頃の沖縄と同じような海が、目の前にあった。水は透き通り、熱帯魚が乱れ舞う。あまりの美しさに、しばし我を忘れて海を見つめていた。

こんな美しい島で、これほど小さな島で、日米両軍の死闘が行われたのかと胸が痛む。「絶対に負ける。必ず命を落とす」と覚悟を決めた日本兵たちが、圧倒的兵力、物量を持つアメリカ軍と戦う。「一日でも長く、日本が生き延びてほしい。故郷の家族、仲間たちには生きてほしい」との願いで、若者たちが死んでいった。

アメリカ軍に破壊された日本軍の95式戦車が野ざらしになっている。ペラペラの鉄板でできた車体。バズーカ砲で貫通してしまう、この粗末な戦車が、たった16両。アメリカ軍は、当時最高峰の性能を誇る分厚い鉄板で装甲されたM４シャーマン戦車が１１７両。日本兵の小銃は旧式のおもちゃのような鉄砲。アメリカ兵は自動小銃や機関銃。海からは艦砲射撃、空からは徹底した爆撃。実質的には、まるで勝負にならない戦いだった。

日本軍の状況を的確に把握していたアメリカ軍は、「子供を相手にするような戦闘」だと完全に舐《な》めきっていた。アメリカ軍第一海兵師団長のウィリアム・リュパータス海兵少将は、こんな小さな島に閉じこもる弱小日本軍との戦いは2、3日で片付くとみていた。自分の兵隊に対して、「諸君に頼みがある。私への土産に日本軍守備隊長（中川大佐）のサムライサーベル（軍刀）を持ち帰ってもらいたい」と豪語。アメリカ兵の中にも、「この戦闘は午前中で終えて、昼からは浜辺でバーベキュー大会をやろうぜ！」と笑顔で話す者もいたほどだった。

ところが日本兵は強かった。圧倒的な兵士と物量の差をものともせずに戦い抜いた。「日本を守る。愛する家族を守る」との壮絶な思いで、命を捨てて戦い続け、アメリカ軍第一海兵師団自体が全滅判定（損失60％超）を受けるほどの損失を与える。

「サムライサーベルをプレゼントしろ」と言っていたリュパータス師団長は、あまりの無様な戦いぶりを糾弾され解任。そして心労から心臓病を発病するほどだった。

戦争は良くない。当然のことだ。だが、圧倒的な戦力を有するアメリカ軍に、当時の日本兵は、どのような思いで戦いを挑んだのであろうか。なぜ、ここまで命を捨てて戦ったのであろうか。

サクラ、サクラ！

圧倒的兵数と数百倍もの兵器、火力を有するアメリカ軍との戦いは、長くても3日だといわれていた。しかし、中川大佐率いる日本軍は、何と73日間も持ちこたえた。

27隻の戦艦、駆逐艦からの艦砲射撃と高性能焼夷弾でジャングルを焼き払われ、ペリリュー島は丸裸に。日本軍は通常の戦闘では歯が立たぬと、５００有余の洞窟に立てこもり、ゲリラ戦を展開する。

昭和19（１９４４）年9月15日午前8時、オレンジビーチよりアメリカ軍上陸。一進一退の日米両軍の肉弾戦が行われるも、圧倒的兵力、火力を有するアメリカ軍は徐々に日本軍を追い詰める。

補給を一切断たれた日本兵は、粗末な武器を手にし、水と食料もなくなり、喉の渇きと飢えに苦しみフラフラになりながらも戦い続けた。

11月24日、兵力、弾薬は底を突いた。司令部は玉砕を決定。中川大佐、村井少将、飯田中佐は自決。「サクラ、サクラ」の電文とともに生き残った兵士55名の万歳突撃が行われ、玉砕。日本軍の組織的抵抗は終わった。

なぜ日本兵が命惜しまず戦ったか？

なぜ鬼畜米英と言ったのか？

それは、白人の植民地政策を知らずして語ることはできない。

当時は有色人種国家のほとんどは白人の植民地。その政策は残虐そのものに尽きる。人間を家畜の如くこき使い、婦女子を犯し、子供であろうとも虐殺する。

そのことを日本兵は知っていた。彼らの残虐さを。

「一日でも長く日本を守りたかった。一日でも長く、愛する故郷、愛する女房子供、お父さん、お母さんを守りたかった」、その思いに尽きると私は思う。

日本兵の勇猛なる戦いがあったからこそ、敗戦後の日本の国体を守ることができた。今、私たちが日本人であること、平和で豊かな社会で暮らしていけるのは、先人の尊い命の犠牲があったからだと信じている。

愛する人を守るために命を投げ出した英霊のみなさんに心から感謝している。合掌！

ペリリュー島に眠る英霊

ペリリュー島に日本の団体が、散華《さんげ》された日本人のために神社や石碑を建てていた。ありがたきことだ。

石碑には敵国であるアメリカの太平洋艦隊司令長官C・W・ニミッツ提督が語ったといわれる言葉が書かれている。

「諸国から訪れる旅人たちよ、この島を守るために日本軍人が、いかに勇敢な愛国心をもって戦い、そして玉砕したかを伝えられよ」

日本の東郷平八郎元帥を心から敬愛していたニミッツ提督ゆえに日本兵を讃えたのだろうか。合掌しながらさまざまな思いが浮かんできた。

アジア各国を侵略し、残虐行為をしてきた日本兵は

ペリリュー神社

悪魔だった。アジアの国々から日本は憎まれ蔑まれていると、教えられてきた。

パラオのペリリュー島は日米両軍が死闘を展開した激戦地。圧倒的な兵力、物量に勝る米軍に、おもちゃのような銃と兵器で日本兵たちは玉砕するまで戦った。美しい砂浜は無惨に果てた日本兵の遺体が散乱し、白い砂浜は血で真っ赤に染まっていたという。

日本人合同墓地がペリリュー島のオレンジビーチの近くにあった。その横にはペリリュー島民の墓がある。同じ墓地に祀られている。

日本兵が残虐で憎まれているのであれば、このようなことは決してない。この墓地を訪れたとき、言葉にならない安堵感と喜びが湧いてきた。

それにしてもペリリュー島の人々がしっかりと日本兵の慰霊碑を掃除し、守ってくれていることには、「ありがたい」としか言いようがない。パラオは大の親日国、大事にしなければと

ペリリュー島の島民墓地にある沖縄の塔

思う。

墓地はペリリュー島のみなさんによって大切に守られている。日本人として心から感謝の思いを伝えたい。ありがとう。

戦い続けた先人の思い

日本軍と米軍が死闘を行ったペリリュー島の洞窟に入った時、涙が止めどもなく溢れてきた。洞窟の中は凄《すさ》まじい暑さで湿気も耐え難い。「こんな穴蔵で戦い続けたのか」と、ただただ合掌する。

日本兵が使った飯ごう、眼鏡、飲料水を入れたビール瓶などが散乱したまま。ジャングルや洞窟には遺骨が散乱したまま。

群馬や茨城からやって来た日本兵が多く、彼らのほとんどは死ぬことを覚悟し、ペリリュー島にやって来た。祖国、故郷、愛する家族の平和と安寧を願い、強大なアメリカ軍に対してゲリラ戦で応じ、そして、玉砕した。鉄兜をかぶっていたのは、どんな若者だったのだろうか。水筒や兜に開いた穴は銃弾によるものなのか。何を思い日本兵たちは死んでいったのだろうか。さまざまな情景が脳裏に浮かび、涙する。

戦争を賛美し、美化するのではない。日本の未来のために命を捧げた英霊のみなさんに対して、「心からの感謝の念」を持っているだけだ。

日本兵の装備品などが錆び付き朽ち果てていた。長い年月を経て土に戻るであろう。

パラオのコロール島やペリリュー島には、日本軍が使用した戦車や零戦、高射砲などの武器や日本兵の鉄兜、飯ごうなどが無造作に置かれている。

日本人としては野ざらしにされ、錆び付いた武器や日本兵の装備品を集め、補修をして大事に保存してほしいとの思いもある。洞窟の中に残る銃剣などを見ると、「持ち帰りたい」と思わず手が出ようとする。

しかし、パラオでは「そのまま土に返す」のが最も美しいとの宗教的な概念があるようだ。過去に「日本軍の武器を集め展示館を造ろう」との動きもあったようだが、「そのままの状態で自然に返す」のを大事とし、ご破算となった。やはりその土地の宗教や思いは大事だ。「土に返す」思いも素敵だなとも思った。

4 サイパン――悲しみの島

日本人にとってサイパンは、南の島の観光地として有名になった。だが、この島に足を運ぶときには、「悲しみの島」であることも事前に学んだ方がよい。

大東亜戦争時、日米両軍が激しくぶつかる。昭和19（1944）年6月15日から7月9日まで、米軍と日本軍の戦闘が行われた。「サイパンを落とされると日本本土へのB-29による爆撃が始まる」と、日本軍は玉砕覚悟で圧倒的兵力、物量に勝る米軍に立ち向かう。

おもちゃのような日本軍の兵器では、どうしようもない。約3万5000の日本兵は玉砕する。ほぼ全員が死んでいった。

サイパンの戦いで最も悲しいのは、数多くの民間

サイパンに今も残る旧日本軍の砲台。

人が亡くなられたこと。1万人もの方が死んでいった。お年寄り、女、子供も犠牲となった。この島を訪れる度に、「戦争の悲しみと残酷さ」を深く感じる。「決して戦争を起こしてはいけない」との思いが湧いてくる。

一方で、現在の日本を見渡してみれば、隣の大国はすでに日本侵略を開始している。「自衛隊がなければ、米軍がいなければ、軍隊がなければ戦争は起きない」「憲法9条があれば戦は始まらない」と言う方もいるが、これは絵空事に過ぎない。平和を守るために何が必要か、真剣に考える時期に来ている。日本人に覚悟が求められていると、私は思う。

カトリックの墓地の入り口に鳥居が！

サイパンなどのマリアナ諸島は、1521年にマゼランがグアム島を発見し、その後、スペインが勝手に領有権をヨーロッパ諸国に宣言し、自分の領土とした。

1668年からイエズス会が入り、マリアナ諸島全域へのキリスト教布教が始まる。先住民族チャモロ族の精神文化や習慣を無視した布教により、軋轢《あつれき》が生じ、1668年、スペイン・チャモロ戦争が起きる。その戦いは25年以上、1695年まで続いた。戦いに敗れ、スペインに支配されたチャモロ族は苦難の道を歩む。1698年にはグアム島へと強制移住させられ、サイパンは一時、無人島となってしまった。

スペインにより多くのチャモロ人が虐殺された。サイパン北部のジャングルの中に、カラベラ

サイパン島の南西部チャラン・カノアにあるマウント・カーメル教会（カトリック教会）の墓地に立つ鳥居。かつてここには南興《なんこう》神社があったが、社殿などの遺構はすべて消失し、現在は鳥居と石灯籠を残すのみとなっている。

ケーブと呼ばれる洞窟がある。「カラベラ」とは「骸骨」を意味する。殺害された人々の遺体が、この洞窟に投げ入れられたといわれる。それゆえ「骸骨洞窟」と呼ばれるようになったと聞く。

　その後、サイパンはドイツに売却されたが、第一次世界大戦で、連合国側の日本が南洋諸島を占領。サイパンは大正9（1920）年に日本の委任統治領となった。当時は「彩帆島」と記述されていた。社会基盤も急速に整備され、多くの日本人が移り住んだ。

　3万人近くの日本人が移住してきたが、その多くは沖縄出身者。サイパン島の一大産業となる砂糖生産振興の労働者として、当時、最もサトウキビ農業を知り尽くした沖縄県民への移住呼びかけに力を入れたせいもあるという。

　そして、日本が戦争に敗れた後、アメ

リカ統治となり現在に至る。

島の中心地近くに大きな墓地がある。入り口手前には立派なカトリック教会。私が心から感謝と尊敬の念を持つチャモロ人女性の墓参りのために足を運んだのだが、到着して驚きと喜びが交錯する。

なんと！　墓地の入り口に「鳥居」が！

「カトリックの墓地の入り口に鳥居が！」とビックリした。

アメリカはなぜ鳥居を破壊しなかったのだろうか？　と不思議な思い。実はサイパンの方々が大事にしていたようだ。だからこそ、この鳥居が残った。そして今でも、多くの人々の魂を優しく包むが如くそびえ立つ。ありがたい。サイパンと日本の絆は深い。

バンザイクリフで慰霊された天皇皇后両陛下

今上《きんじょう》天皇（現在の天皇陛下のこと）の南洋諸島に対する御心は非常に深いとお聞きしている。戦後60年の節目、平成17（２００５）年６月27～28日に、天皇皇后両陛下がサイパンをご訪問された。戦友会から当時の説明を聞き、各地の戦没者の碑に献花され、慰霊なされた。

北マリアナ諸島サイパン島最北端のプンタンサバネタ岬は、別名「バンザイクリフ」と呼ばれる。多くの日本人（民間人）が「天皇陛下バンザイ」と叫び、身を投じ、自決した何とも悲しい断崖だ。

「バンザイクリフ」を訪ね断崖に立った時に、涙が溢れてきた。「決して戦争をやってはいけない」と改めて思う。平和こそ最も尊いものだ。亡くなられた方々に心から哀悼の意を表したい。合掌。

この「バンザイクリフ」において、両陛下は、ジッと海を見つめ、亡くなられた方々に対し、深々と頭をお下げになった。

1万人もの日本人が、この崖から飛び降り、命を失った。女、子供、老人も身を投げる。赤子を抱いたまま飛び込んだ母親もいた。離ればなれにならぬようにと互いに縄で手を縛り、「一緒に死のう」と飛び降りた家族もいたという。「バンザイクリフ」の悲劇は私の郷土の沖縄の先輩方からいろいろと聞いた。なぜこれほど、多くの民間人を巻き込んでしまったのかと、残念であり無念でもある。

日本とサイパンの危機を救ったおばあちゃん

サイパンの実業家の事務所を訪ねると、１枚の写真が目に留まる。天皇皇后両陛下と談笑するおばあちゃんの姿。

社長を務める男性は和やかに話してくれた。

「両陛下がサイパンに来てくれて非常に嬉しかった。また、来てほしい」

そして写真を示し、さも誇らしげに言った。

「両陛下と話しているのは俺のママだ」

どうだすごいだろうと胸を張る。

実は写真に写る後ろ姿のおばあちゃんに会うために、今回（平成26年９月）のサイパン訪問を計画した。この方に対しては日本人として深い感謝の念を持っている。

天皇皇后両陛下がサイパンを戦没者慰霊のために訪れる前に、大問題が起きていた。移住してきたコリア系住民が、「天皇は謝罪しろ！」「天皇は帰れ！」とでっかい横断幕を、否が応でも両陛下の目につく場所へ掲げようと待ち構えていたのだ。

現地の日本人会や領事は強硬な撤去要求もできず頭をかかえ困惑。「このままでは天皇陛下に恥をかかせてしまう」とお手上げ状態。困り果てた日本の外務省。それでも「やめろ」と強制措置

天皇皇后両陛下と話されるダイダイさん。

はできない。もはや打つ手はなしと愕然としていた。

この時、日本統治時代に日本の教育を受けた、現地で最大のスーパーを経営するチャモロ人のおばあちゃんが立ち上がった。

この話を知ったチャモロのおばあちゃんが、「天皇皇后両陛下が来てくださるのに何ということをするのだ！」と大激怒。「お前たちこそサイパンから出て行け」と運動が始まる。「自分たちの島でK国人たちが勝手なことをするのは許せない。天皇陛下がサイパンに来てくださるのに何と失礼で無礼なことをするのだ」とサイパン住民に訴えた。

地元マスコミに呼びかけ、「横断幕撤去、両陛下歓迎運動」が進む。すぐに多くのチャモロ人が、「そうだ、そうだ」と同調し、天皇陛下を中傷する横断幕を撤去しろと大騒ぎとなった。チャモロ人の大多数は親日的。運動はドンドン広がっていく。

とうとう天皇皇后両陛下がサイパンを訪れる直前、「天皇は帰れ！」の横断幕は撤去、引きずり下ろされた。サイパンは、「天皇皇后両陛下大歓迎」でお迎えすることができた。

この問題と闘ったのがダイダイさん。この偉大な女性がいなければ大変なことになったであろう。「日本の恩人」ともいえる方だ。

この事件は、北マリアナ諸島のみなさんが、いかに日本を愛しているかを知らしめる出来事でもあった。「日本は南洋諸島統治時代に、現地チャモロの人々を苦しめ搾取した」との戦後教育は間違っていたとの証ともなった。チャモロの人々に心から感謝したい。ありがとう。

ダイダイさんを訪ねた時には、すでにお亡くなりになられていた。お孫さんに、彼女が眠る墓へと案内してもらい、「ありがとうございました」と手を合わせた。

5　硫黄島の戦い──すべての英霊が祖国に帰るまで

硫黄島の戦いも、小学生の空手初心者と極真空手のチャンピオンが戦うようなものだった。圧倒的な兵力と物量を持つ米軍に対して日本軍は徹底抗戦を行い、玉砕した。

昭和20年2月19日から戦闘は始まった。米兵約7万5000、日本兵約2万、物量兵器数百倍、空、海上からの徹底した爆撃、十分な補給と補充のアメリカ軍。片や援軍、補給なしの日本軍。

しかし、日本軍は驚異的で奇跡的な戦いを行った。アメリカ軍の勝利ではあったが、死傷者の数は米軍が上回り、日本兵約2万に対し、米軍約2万8000だった。アメリカは「長くても5日間で硫黄島を落とす」と甘くみていたが、戦いは1カ月以上も続いた。

「なぜ日本兵は、ここまで戦ったのか」と涙が溢れる。日本を守ることはもちろんだが、兵士の多くは、「故郷の愛する家族や友が、一日でも長く平和な暮らしが続いてほしい」との思いが強かったという。

硫黄島で日本はアメリカに敗れた。そして案の定、B-29による昼間の中高度以下の爆撃が可能となる絶好なポジションを得たアメリカは、硫黄島陥落以降、無差別に市民を虐殺する都市爆撃を本格化させた。

さまよえる魂を鎮めたもの

硫黄島には現在、自衛隊の基地がある。所在部隊は厚木基地第4航空群隷下の「硫黄島航空基地部隊」となっており、海上自衛隊、航空自衛隊、陸上自衛隊のみなさんが、それぞれの役割を担い、派遣されている。

激戦地の島で暮らす隊員の多くが、「さまよえる日本兵の亡霊」に遭遇するという。行進する音を聞いた、血だらけの兵士が枕元に立っていた、日本兵と酒を酌み交わした、など。

特に多いのが、水を求めて必死にすがる亡霊。夜中に飲料水の入った冷蔵庫が、地震でもないのに「ガチャガチャ」とけたたましい音を立てる怪奇現象が、頻繁に起こる。

硫黄島の戦いで、日本軍は坑道を掘り、穴蔵に立てこもり米軍と戦う。火山性の島に掘られた坑道内の気温は60度。とんでもない暑さとの戦いでもあった。水や食料の補給もなく、日本兵は戦い続け、玉砕した。喉の渇きにのたうち回り、「水をくれ、水をくれ」と英霊のみなさんが水を求め、さまよい続けているという。

硫黄島に勤務する自衛官は枕元や部屋の入り口にコップを置き、水を入れておいて就寝する方も多いという。また、島に研修、訓練で訪れる自衛官のほとんどが、水を持参して参拝を行う。

硫黄島の地下に眠る英霊に対して「感謝と慰霊の念」を持ち続けることこそ日本国民の義務であり、英霊に対しての最良の供養となるのではなかろうか。

硫黄島では多くの神主、お坊さんなどの聖職者による鎮魂の祈りが行われたのだが、不可思議な霊的現象が収まることはなかった。

ところが天皇皇后両陛下が島を訪れてからは心霊現象がなくなったというのだ。

戦後50年を間近に控えた平成６（１９９４）年、天皇陛下が初めて硫黄島を訪れ、慰霊祭が開

大東亜戦争末期の激戦地・硫黄島を訪問され、旧日本軍約２万人、米軍約7000人、島民数十人を慰霊する「鎮魂の丘」の碑に献水される天皇皇后両陛下（東京都小笠原村、平成６年、写真：共同通信社）

かれた。天皇皇后両陛下が散華された日本兵に対して真摯なる感謝と鎮魂の黙祷を捧げ、祈る。硫黄島の戦いの最高指揮官である栗林忠道《くりばやしただみち》陸軍中将、市丸利之助《いちまるりのすけ》海軍少将の短歌に返歌し、礼を尽くされた。

国の為《ため》重きつとめを果《はた》し得《え》で　矢弾《やだま》尽き果て散るぞ悲しき　栗林忠道

（国を守るつとめを果たせず、兵器も弾薬もなくなり、死んでいくのは無念であり、悲しい）

精根《せいこん》を込め戦ひし人未《いま》だ地下に眠りて島は悲しき　天皇陛下御製《ぎょせい》

（全力で戦った人たちが今も地下に眠っている。何と悲しい島であろうか）

スコオルは命の水ぞ　雲を待つ島の心を余人は知らじ　市丸利之助

（スコールは命の水なのだ。スコールを降らせる雲を待つ島の心を人々は知らないだろう）

慰霊地は今安らかに水をたたふ如何《いか》ばかり君ら水を欲《ほ》りけむ　皇后陛下御歌《みうた》

（死者をなぐさめる慰霊の地は、今は平和で、水をたたえている。ああ、彼らはどれほど水が欲

しかったであろうか）

すると、心霊現象がピタリと止んだそうなのだ。これは多くの自衛官や工事関係者などが証言する有名な話。その後、時が経過し、以前よりはかなり減少したのだが、再び怪奇現象が起こっているらしい。

不思議だ。科学では証明できない「大いなる何か」が確実に存在している。天皇陛下の祈りの力は絶大だと改めて思う。常に国民の安寧《あんねい》と平和を祈り続ける天皇陛下。感謝の心が溢れる。

すべての遺骨を祖国へ帰すまで

硫黄島の自衛隊滑走路の下には多くの日本兵の遺骨が残されたままである。米軍は玉砕した日本兵の遺体に対して敬意の念はひとかけらもなかった。祖国を守るために命を捧げた英霊に土を被《かぶ》せ、ブルドーザーで敷き詰め、滑走路を造ってしまった。

圧倒的兵力、物量を持つ米軍に対して、日本兵たちは徹底抗戦し玉砕した。約2万の日本兵が散華《さんげ》されたのだが、遺骨が収集されたのは1万柱にも満たない。いまだ1万2000柱の遺骨が放置されたまま。その多くは滑走路の下で眠り続ける。

平成25年に、やっと安倍総理の決断で、滑走路を引き剥《は》がし「日本兵の遺骨」を収集することが決まる。硫黄島だけの問題ではない。ビルマ、チャイナ、太平洋諸島などで戦った日本兵の遺骨、113万柱が未帰還である。

このままではイケナイ。日本のために命を捧げた英霊の遺骨を故郷に帰し、祀《まつ》るのは、国の責務であり、豊かさと平和を享受する現在の日本人の義務だと私は思う。

アメリカはすべての米兵の遺骨を本国へと運び、祀っている。国の予算で、日本軍と戦った兵士や、その子孫を硫黄島へと連れてくる。

一方、日本人は国内でありながらも立ち入り禁止。一般人が来島するのは容易ではない。英霊の遺骨は放置されたまま。このままでは、いくら何でも悲し過ぎる。

6 特攻隊――命を捧げる覚悟を決めた若者たち

わが国の学校教育、特に歴史教育は近現代史をほとんど教えない現状がある。それどころかGHQ（連合国軍総司令部）が押し付けた「日本が悪」「日本人は誇りを持ってはならぬ」と「自分の国に誇りが持てない」教育を、学校の先生が引き継いでやってきたのではと私は考えている。

鹿児島県南九州市にある「知覧《ちらん》特攻平和会館」を訪れる日本人は決して多いとはいえないが、それでも近年、嬉しい現象も起きている。知覧特攻平和会館を訪れる学校が急増しているというのだ。最近は年間でなんと800校もの学校が修学旅行でやって来たと、会館の職員が嬉しそうに話していた。

先生方も変わってきているのだろう。いまだに隣国へと子供たちを連れて行き、ありもしない捏造《ねつぞう》記念館を訪問し、日本の子供たちから日本人の誇りを奪う修学旅行を行う地域がある一方で、「子供たちに日本人の誇りを持ってほしい」と願う教師もおり、そんな先生方が教え子たちを連れて来てくれているのだ。

特攻隊員の笑顔は強制されていたのか

特攻に飛び立つ隊員たちが寝泊まりする「三角兵舎」の中に、ボロボロになった写真が説明文と共に展示されていた。その写真に私の目は釘付けとなってしまった。

これから決死の飛行に飛び立つ若者たちに、全国の女学生から「手作りのお守り人形」が届けられた。無邪気に喜ぶその表情は、思春期の男の子そのもの。頭脳明晰《めいせき》で肉体的にも優れていた若者たちの多くは、女性の手に触れることもなく亡くなられた。敵艦めがけて突っ込んでいった。

靖国神社の遊就館《ゆうしゅうかん》に展示されている純白の「花嫁人形」を思い出した。特攻隊員の遺族が「せめて天国で綺麗な花嫁さんと結ばれてくれ」と花嫁人形に願いを込めた。

写真にうつる若者たちを見ていると、どうしようもない切なさを感じてしまった。涙が溢れてくる。特攻隊員たちは「お守り人形」を胸に抱いて飛び立ったという。

三角兵舎は実に質素な造りである。余計な物は一切置いていない。整然と布団が敷かれ、白い枕が置かれる。「ここで特攻隊員たちは寝ていたのか」と立ちすくむ。

話を聞くと、この白い枕がグッショリと濡れていたこともよくあったという。明日は出撃の日だ。「死にたくないよー」「ここから逃げたいよー」と泣き明かす若者もいた。「お母さーん」と涙を流す青年、父母に対して「旅立つ不幸を許してください」と泣く青年、愛する人を思い号泣する青年もいた。それでも若者たちは飛び立って行った。どれほどの精神的な格闘があったことだろうか。泣いて当たり前だ。

彼らが書いた遺書を読むと言葉を失う。涙しか出ない。「ありがとう」の思いしか出てこない。今の自分が真剣に生きていかないと失礼だとも思った。

特攻へと飛び立つ息子を見つめるお母さんは、どんな気持ちだったのだろうか。「死に行く我が子」に何を言いたかったのだろうか。

親より先立つ子供は最も親不孝だといわれる。その親不孝な息子を見つめるお母さんは、悲しみで胸が張り裂けそうであったろう。涙をイッパイ流したに違いない。死へと飛び立つ隊員の遺言には、お母さんに宛てた手紙も多い。「先立つ不孝を御許しください」「お母さん、ごめんなさい」と多くの隊員が書きとめている。

特攻隊員の若者たちの笑顔を見ている

知覧特攻平和会館の広場には「特攻勇士の像」を見つめる「母の像」が立つ。「どうか行かないで」と今にも動き出しそうに見えた。お母さんは辛かっただろうなー。

でもある。

と、吸い込まれていくような気がする。「なぜ、これほどまでの笑顔を浮かべるのか？」と不思議

これから死に行く若者たちがニコニコと微笑む。「死にたくない。厭《いや》だー」と叫びたくなかったのか？　怖くなかったか？　と写真を見つめてさまざまな思いが胸中に湧く。

「若者たちは強制されていたから笑顔を見せるしかなかった」などと言う人もいるが、演技でこれほどまでの微笑みを見せることができるものなのか？　彼らは役者や芸人ではない。「国や愛する人のために命を捧げる覚悟を決めた」若者であり少年たちです。見栄や演技で、このような笑顔を作れるものなのか。「そうではない」と私は信ずる。覚悟を決めた者の美しさだと思っている。その男たちの顔は神々しくもある。

鹿児島県の「知覧特攻平和会館」はあまりにも有名だが、それ以外にも至る地域に日本人が訪ねてほしい平和記念館がある。

知覧の近く、加世田《かせだ》にある「万世《ばんせい》特攻平和祈念館」も、ぜひ、訪ねてほしい。鹿屋《かのや》航空基地の資料館もお勧めしたい。福岡県筑前町の「大刀洗《たちあらい》平和記念館」も必ず行ってほしい。私もできる限り足を運び、手を合わせたいと願い、時間を見つけては訪ね歩いている。

山口県周南《しゅうなん》市大津島にある「回天《かいてん》記念館」にはいまだ足を運ぶことはできていない。若者たちが「人間魚雷」となって敵艦に突っ込んで行った。いずれ訪ねて、感謝の思いを込めて頭を垂れて両手を合わせる。決して戦争を起こしてはイケナイ！　平和の尊さを深く考え続けていきたいと考えている。

7 ソ連の侵攻——北海道を守るために

北海道を守った池田末男陸軍大佐——占守島の戦い

日本国民のほとんどが知らない「占守島《しゅむしゅとう》の戦い」。北海道民さえも、ソ連の侵攻を食い止めたこの戦を知らない。

戦争終結2日後の8月17日深夜、卑怯なソ連は千島列島の占守島へと侵攻を開始。日本軍は武装解除し、降伏の準備も終えていた。突然の侵攻は青天の霹靂《へきれき》。圧倒的な武力、最新型の戦車、飛行機、軍艦と共にソ連軍が押し寄せる。そして、そのまま北海道を盗《と》ってしまう策略であったことは間違いない。

武装解除を終えていたにもかかわらず、日本軍は毅然としてソ連と戦う。特に池田末男《すえお》隊長率いる戦車隊「士魂《しこん》部隊」の活躍が凄まじかった。ソ連侵略の報を受けた隊長は部下に、「諸士は決然と起こったあの白虎《びゃっこ》隊たらんと欲するか。もしくは赤穂《あこう》浪士の如《ごと》く此《こ》の場は隠忍自重《いんにんじちょう》し後日に再起を期するか。白虎隊たらんとする者は手を挙げよ」

と聞いた。すると、全員が手を挙げていた。

戦いは凄まじかった。弱小日本軍、それも武装解除後にもかかわらず、圧倒的武力のソ連に一歩もひるむことなく戦い続け、そして、敵を叩き潰す。ソ連は3日で占守島を落とし、そのまま北海道へ侵攻予定だった。日本軍が守り通したからこそ食い止めた。この戦いがなければ北海道はソ連に占領され、道民は本土から分断され、ソ連支配の民となっていた可能性は高い。北海道を守るために多くの日本兵が命を捧げる。池田隊長も自身が乗る戦車と共に、8月18日、壮絶な死を遂げた。

士魂部隊の士魂とは、十一戦車隊のこと。「十」と「一」で「士」。その部隊名は最大の栄誉を込め、今も自衛隊に残る。白虎隊となって多くの日本兵が尊い命を捧げて戦ったからこそ、日本としての北海道は守られた。その占守島の戦いを知る北海道民は少ない。

ソ連がどうしても処刑したかった樋口季一郎陸軍中将

占守島の戦いにおける指揮官は樋口季一郎陸軍中将。ハルビン特務機関長、北部軍管区司令官などの要職を歴任した人物である。

さらに、ユダヤ人救出のオトポール事件で活躍した軍人でもある。ソ連、満州の国境沿い「オトポール駅」にナチスの迫害から逃れてきたユダヤ人たちが殺到。悲惨なユダヤの民を救済するために奔走し、上海租界への移動を斡旋《あっせん》した。

樋口季一郎陸軍中将〔明治 21（1888）年〜昭和 45（1970）年〕兵庫県出身。（写真：樋口隆一）

敗戦後も占守島、樺太《からふと》におけるソ連との戦いを指揮。特に占守島の戦いではソ連に大打撃を与える。ソ連の樋口中将に対する恨みや憎しみは深く、何とか戦犯として処刑しようと画策する。

しかし、世界ユダヤ協会がその動きを察知し、「ジェネラル樋口を助けろ」と、世界的な規模で救済運動が広がっていく。

その結果、ソ連の引き渡し要求を、アメリカのマッカーサーは拒否。ソ連にとっては地団駄を踏むぐらいの悔しい出来事だったという。

かつて救済したユダヤの民が樋口中将を救ってくれた。

第2章　アメリカは日本に何をしたか

1　原爆――邪悪な日本人を殺した「神の愛の光」

アジア各国を訪ね歩き、「日本について何を知っているのか」と質問することもよくある。日本のイメージの第1位は「豊かさ」だが、広島、長崎に落とされた「原爆」のこともよく知られている。

カンボジアの人々は「日本人がかわいそうだと思った」、ミャンマーの方は「あれは実験だ。アジア人だから落としたのだ」、ラオスの人々は「アメリカは残虐だ」、台湾人は「最も残虐な兵器だ」など、欧米とはまったく違う。ほとんどの方が日本に落とされた原爆に対して怒りと悲しみの思いを持っている。

大東亜戦争の本質は人種戦争だと、私は思う。やはりアジア人が暮らす日本だから落としたのだろうか。イタリア、ドイツにはなぜ使わなかったのだろうか。

実験のための原爆投下

昭和20年8月、アメリカは人体実験ともいえる2種類の核爆弾を広島と長崎に投下した。6日午前8時15分に広島、9日午前11時2分に長崎に原爆を投下。罪なき人々が20万人以上虐殺された。長崎の原爆は、最初の標的は小倉であったが、天候不良により長崎へ投下することが決まったという。

広島へ落とされたのはウラン型の「リトルボーイ」で、長崎はプルトニウム型の「ファットマン」だった。あえて違う種類の原爆を試したのは明らか。

8月9日になるといつも、この原爆の悲惨さが一枚の写真によって具体的に視覚化される。米従軍カメラマンの故ジョー・オダネル氏が撮影した「焼き場に立つ少年」の写真だ。焦土と化した長崎の火葬場に裸足の少年が幼子を背負い、順番を待っていた。直立不動の姿勢で炎を見つめる少年。男たちが「おんぶ紐」を解いてグタッとした幼子を下ろす。弟の命はすでに途絶えていた。弟の亡骸は真っ赤に焼ける炎の中へ運ばれる。まだあどけない表情の少年は直立不動の姿勢で燃え盛る炎を見つめる。勢いよく燃え上がる炎は、唇をキリッと噛み締めた少年の顔を赤く染めた。夕日のような炎が静まると、少年はくるりと踵を返し、沈黙のまま焼き場を去って行った。

これだけ多くの罪なき人々を虐殺しても、良心の呵責《かしゃく》も持たない。「邪悪な日本人たちを、白人の叡智の結集であり、神の愛の光で殺した」と言う。原爆を落としたからこそ戦争が長引かず、多くの米兵の命を救ったと本気で思っている。

「戦争を早く終わらせるため」だの「ソ連への牽制」だの馬鹿げた言葉はやめてくれ。被爆した人々は地獄の中でのたうちまわる。原爆投下後、すぐに米軍の医療団が被爆地に入ってきた。焼けただれ傷ついた悲しき人々を治療するでもなく、観察に徹した。まるで実験動物のモルモットか猿を見るように。

決して許されることではない。アメリカはアフリカの人々を奴隷とし、家畜の如く酷使し、殺してきた。インディアンやフィリピン人を虐殺した。アメリカは、日本人大量虐殺を何とも思っていない。アメリカの知識人、マスコミ、多くの国民は「2種類の原爆投下」を「20世紀の偉大な科学」だと誇りに思っているという。原爆投下に使われたB-29「エノラ・ゲイとボックスカー」はスミソニアン博物館と、アメリカ空軍博物館に燦然と展示されている。

歴史は戦争に勝った国がつくるというが、日本人として、その破廉恥さに呆れ、深い怒りを感じる。アメリカの視点を支持する一部の日本人には、さらなる怒りを覚える。

日本人の一部にも、アメリカが行った「実験のための原爆投下」を肯定するような意見を持つ者がいるのだ。「日本の軍部が早く負けを認めなかったから落とされた」と、アメリカではなく日本を〝口撃〟する。アメリカは文化を大事にするから、「京都や奈良には落とさなかった」「原爆を落としたから戦争が早く終わった」などと詭弁《きべん》と虚言を使う。よくもこれだけのまやかしを言うものだと呆《あき》れてしまう。

私自身は絶対に受け入れることはできない。人類史上最大の実験による虐殺だと思っている。肌が黒いと動物なのか、肌が黄色だと人間ではないのか。

そのような仕打ちを受けたにもかかわらず、今の日本はアメリカに守ってもらわないと国家存続ができない。悲しすぎる。

原爆で亡くなった人々、傷ついた人々、その親族、広島、長崎市民に心から哀悼《あいとう》の意を表したい。

「焼き場に立つ少年」（写真：Joe O'Donnell 1945年）

アイゼンハワーとフーバー大統領

私は幼稚園から小学校2年の秋頃まで、東洋最大の米軍飛行場がある嘉手納町で暮らしていた。かすかではあるがアイゼンハワー大統領が、この町へやって来た時、親父と共に手を振っていたのを覚えている。

ドワイト・D・アイゼンハワー第34代アメリカ大統領

第二次世界大戦でヨーロッパ連合国軍総司令官として、ノルマンディー上陸作戦を指揮したアイゼンハワーは、1945年7月20日、日本敗戦が決定的になっている状況で原子爆弾の使用は不要であると、トルーマン大統領へ進言し、強く反対した。

また、1953年に被爆地広島に原子力発電所建設案がアメリカ政府の中で浮上していた時のことである。米原子力委員長のストローズは広島原発建設を強硬に提案したが、アイゼンハワーは「その考えは捨てた方がいい。原爆を使ったことへのアメリカの罪悪感を示すことになるからだ」と発言し、切り捨てた。

ルーズベルト、チャーチル（イギリス首相、日本に原爆を使うようにと推し進める）、トルーマンの巨悪の人々がいた。「人道に反する」と強硬に反対したアメリカ人たちもいた。日露戦争の英雄・東郷平八郎元帥を心から尊敬するニミッツ提督も「原爆を使ってはいけない」と声を大にして訴えていた。

ハーバート・フーバー第31代アメリカ大統領。

また、フーバー大統領のメモを基にして書かれた、米歴史家ナッシュ氏の『裏切られた自由』という本によると、フーバー元大統領は敗戦直後の日本を訪れ、マッカーサーとの会談で、「日本との戦争は対独戦に参戦する口実を欲しがっていた『狂気の男』の願望だった」「在米日本資産の凍結、経済制裁は（アメリカが）対独戦に参戦するため、日本を破滅的な戦争に引きずり込もうとしたのだ」とF・ルーズベルトを批判した。それに対してマッカーサーも、「ルーズベルトは1941年夏に日本側が模索した近衛《このえ》文麿《ふみまろ》首相との日米首脳会談で、戦争回避の努力をすべきだった」と語っていたという。

フーバーはマッカーサーに対して、「アメリカから日本への食料供給がなければ、ナチスの強制収容所並みか、それ以下になるだろう」と日本国民を助けるために食料支援の必要性を説いていた。

ルーズベルトに対するアメリカ国民の人気は高い。原爆投下に関しても6割もの人々がいまだ肯定的だ。「狂気の男」を偉人と思う日本人もいる。フーバー元アメリカ大統領のことを、もっと日本人に知ってほしい。

〈忘れ去られた日本の偉人 ③〉

原爆輸送艦を沈めた潜水艦艦長——橋本以行

明治42（1909）年〜平成12（2000）年　京都府出身

グアム島に出撃する橋本以行艦長（左端）と伊号58潜水艦の乗組員。（山口県周南市、昭和19年12月30日、写真：毎日新聞社）

広島、長崎に落とす原爆をテニアン島へ運んだアメリカ海軍巡洋艦「インディアナポリス」は、悪魔の兵器を搬送した後、レイテ島へ向かう途中に日本の潜水艦によって撃沈された。

橋本以行《もちつら》艦長率いる伊号58潜水艦により、インディアナポリスは沈められた。回天特別攻撃隊（多聞《たもん》隊）を乗せた伊58は昭和20年7月29日、敵艦を捉える。回天特別攻撃隊とは魚雷に乗り込む海の特攻隊。血気盛んな若者たちは、「自分が体当りをします」と幾度も出撃の命令を願うも、橋本艦長はすべてを却下。「無駄に命を捨ててはならぬ」と通常魚雷にて攻撃。6本の魚雷を発射し、7月30日午前0時2分にインディアナポリスを撃沈。

　橋本艦長は戦いを生き延び、戦後は神職となり鎮魂の日々を送る。「もし自分がもっと早く哨戒海域に到着していれば、もっと早くインディアナポリスを沈めたならば、広島、長崎の原爆投下は防げたのではないか」と自分を責めていたという。

2　敗戦——ＧＨＱとの暗闘

日本はいつ独裁国家になったのか

昭和20（１９４５）年8月15日、日本は戦争に敗れた。この戦争で亡くなった世界中の人々に謹んで哀悼の意を表したい。

8月14日に日本はポツダム宣言受諾を連合国各国に通告し、次の日の15日に昭和天皇の玉音放送により、日本国民に「日本の降伏」が公表された。そして昭和27（１９５２）年４月28日、サンフランシスコ平和条約の発効により、やっと戦争が終結。しかし日本人弱体化計画は現在も継続中だと私自身は思っている。

日本人が誇りと自信を失った原因の一つは、先の大戦に負けたことだが、その戦争に日本人を引きずり込んだのは昭和天皇だったと思わされている日本人が多いのに愕然とする。

昭和天皇は、「アメリカと戦ってはいけない」とトコトン踏ん張り続けた。当時の国際情勢に精通もされていた。「日本人を戦争に巻き込んではならぬ」と訴える。

開戦を決めた近衛文麿《このえふみまろ》内閣、真珠湾攻撃決定の東條英機内閣は、日本国民が選挙で選び、決めた。開戦当時、多くの日本国民は、「理不尽な要求を日本に突きつける米英」との戦争を覚悟していたのだ。

戦前から天皇陛下は独裁者ではなかった。天皇陛下の「鶴の一声」で物事が決まっていたのでもない。「国民が決めたことに対して承認する」現在の天皇陛下の立場と何ら変わりはない。開戦に対して最も心を痛めていたのは昭和天皇だったと私は思う。

多くの日本人は、「戦前の日本に民主主義はなかった」と思わされてきた。特に昭和初期は「暗黒時代」だと何となく考えている。

まるで狂信的な宗教団体の教祖のように昭和天皇を捉え、日本国民が洗脳され、民主主義もまったくない国だったと思っている。

トンデモナイ！　日本は戦前から民主主義国家である。アジアで最初の実質的な議会を持つ立憲国家なのだ。さまざまな政党ができ、政権交代も何度も行われた。予算委員会や本会議では質疑が活発に行われ、政府や大臣を批判したり責任を追及するのも当たり前。決して一部の独裁者が国家の舵取りをしていたわけではない。嘘だと思うなら、ぜひ当時の政治状況を自分で調べてみてほしい。

戦争に敗れて、アメリカ様が民主主義を教えてくれたなどとは笑止千万。呆れてしまう。確かに欧米列強に追い詰められ、先の大戦突入時期には「軍部の独走」を許してしまった状況もあるが、日本の戦前は民主主義国家だったと私は思っている。決して暗黒時代ではなかった。

片足の政治家――重光葵

私が最も尊敬する政治家が重光葵《しげみつまもる》である。葵と書いて「まもる」と読む。敗戦直後の外務大臣で、米戦艦ミズーリで日本全権として降伏文書に署名を行った人物。

昭和６（１９３１）年の満州事変に対し、「努力して積み上げてきた日本の国際的信用が急落する」と怒りを表明し、外交による協調路線を唱え奔走。また大東亜戦争が始まり、東南アジアの国々（欧米の植民地）を日本が占領した時期に、「日本は卑しくも東亜民族を踏み台にしてこれを圧迫し、その利益を侵害してはならない。なぜならば武力的発展は東亜民族の了解を得ることができぬからである」との言葉を残す。

片足の政治家としても知られる。上海虹《ホン》口《キュウ》公園で行われた天長節の祝賀式典において、朝鮮人独立運動家が爆弾を投げ入れた。その時、「君が代」が流れ、国歌斉唱中だった。騒がず、動ぜず、身動きせずに国歌

重光葵〔明治20（1887）年～昭和32（1957）年〕大分県出身。（写真：朝日新聞社）

斉唱を続ける。逃げ出すことが礼を失するとの強い思い。そして爆発。重光葵は右足を失った。

命をかけて日本を守り通した政治家だったと私は心から尊敬している。立派すぎる。このような人物を生んでくれた大分県に敬意を表したい。

ソ連は、重光葵をどうしても抹殺したかったようである。アメリカもソ連に屈し、A級戦犯として起訴。7年の刑を受け収監される。

東京裁判は単なる戦勝国の日本に対するリンチショーで茶番に過ぎないが、重光葵に対する判決には、欧米メディアもアメリカも驚いた。誰もが無罪にな

国連総会出席の重光葵外相（前列左）ら日本代表。日本の国連加盟は昭和 31（1956）年 12 月 18 日の総会で、参加国 77 カ国の全会一致で可決した。日本政府の代表の重光外相は、感謝の言葉とともに、「日本は東西の懸け橋となる」との有名な演説を行った。（写真：朝日新聞社／時事通信フォト）

ると信じていたから。ソ連の言うことを聞かざるを得なかった政治的妥協があったと思われる。実際に収監された巣鴨プリズンの憲兵やアメリカ軍人が、「貴下の無罪は何人も疑わぬところであった」「判決は必ず覆る」との言葉を残している。

「重光葵の欠点は欠点のないところだ！」といわれるほどの高潔な人物だった。戦艦ミズーリで行われた降伏調印式に、署名後に語った言葉が印象深い。

「不名誉の終着点ではなく、再生の出発点である」

この言葉に感動する。どんなときでも前向きに生きる大切さを教えていただいた。

重光葵は外交官としても優れていた。当時のヨーロッパの状況にも精通しており、その情報は非常に的確だった。

ヨーロッパの戦争に対して、「日本は絶対に介入してはならず」と幾度も日本に打電するも、政府は無視の状態。結果、日独伊三国同盟を締結、アメリカとの軋轢《あつれき》はさらに深まっていく。

白人帝国植民地主義に関しても痛烈に批判する。「欧米の国々は民主主義民族主義を欧州に実現することに努力した。しかしながら彼らの努力はほとんどアジアには向けられなかった。欧米はアフリカ及びアジアの大部分を植民地とし、アジア民族の国際的人格を認めないのである」との手記を残す。「白人のアジア支配であれば許されるのか！」と怒りを表す。

当時は、白人以外は人間ではない時代。外交官としての苦悩も凄まじいものがあったと思われる。その世界でアジア人として奔走し戦い続けた。知れば知るほど、素晴らしき人物だと尊崇の念が湧いてくる。

日本を守った外交官――岡崎勝男

日本敗戦後、マッカーサーの子分、リチャード・マーシャル少将は国民に対し、「三布告」なるものを通告した。「日本国民に告ぐ」で始まる、ゾッとする内容だ。

「立法、行政、司法の三権はマッカーサーのもの」「公用語は英語」「日本円を廃止。お金はB円（軍票）」などを、昭和20年9月3日までに行えと突きつけた。これでは完全に植民地。

敢然と立ち向かったのが当時、外務官僚で終戦連絡中央事務局長官の岡崎勝男だった。絶対的な権力者マッカーサーの子分マーシャルを相手に、交渉と説得を重ねる。その会談は深夜に及んだ。その後、重光葵外務大臣がマッカーサーに挑み、「三布告」を撤回させた。

歴史にIFはないのだが、岡崎勝男の尽力がなければ、私たち日本人は司法は

岡崎勝男〔明治30（1897）年～昭和40（1965）年〕神奈川県出身。

アメリカに牛耳られ、英語を話し、価値のない軍票を使っていた可能性もある。

本当の偉人が歴史に残らないのは実に悲しい。

「猫背の小男は民衆に殴り殺されればいい」

昭和天皇ほど苦労された天皇はいるだろうか。いつも「ア、ソッ」と飄々《ひょうひょう》とした雰囲気を持つ昭和天皇だが、その辛苦は並大抵ではなかったであろうと胸を打つ。

昭和天皇は日本敗戦後、マッカーサーを訪ね、「自分はどうなっても構わない。どうか飢えた国民を助けてくれ」と懇願。「自らの命と引き換えに日本国民を守ろう」とした。歴史的に見て、戦に敗れた国の元首やリーダーは、「国民から処刑されるか、自決」、もしくは、「自らの命を永らえるために亡命」するかのどちらかであった。

我が故郷、沖縄においては、「沖縄をアメリカに差し出し、日本本土を守った」と語る人もいる。この言葉を聞くと愕然とする。「アメリカが沖縄を分捕った」のであって、「昭和天皇が差し出したのではない」と自信を持って言える。

徹底的に叩き潰された日本の天皇陛下に、何の選択肢があったのか。アメリカの言うままましかできなかったのではなかろうか。

昭和天皇は昭和21年から29年まで延べ3万3000キロにわたる地方巡幸を行い、敗戦で傷つく日本国民を励まし続けた。これは世界の歴史上初めての「異常かつ偉大」な出来事。

宮城県・石巻小学校で万歳に応える昭和天皇。昭和21年2月に全国各地への巡幸を開始した昭和天皇は昭和22年8月、東北6県を巡幸。宮城県では東北大学、仙台病院、塩釜魚市場、女川水産実験所などを視察した。（写真：時事通信フォト）

戦争に敗れた君主や国王などは民から憎まれ蔑まれ、時には国民に命を奪われる。他国へと亡命するのも当然だった。

占領軍のGHQは、「猫背の小男（昭和天皇のこと）は民衆に殴り殺されればいい」と考えていたようだ。ボロボロに傷ついた日本国民は、「きっと天皇を恨んでいるに違いない」と思っていたのである。

ところが日本は違う。どこに行っても「天皇陛下が自分たちの町へやって来る」と涙を流して喜んだ。「天皇陛下万歳」と迎える。一兵の警護も付けずに大衆にのみ込まれモミクチャにされる。戦後間もない時期、刃物や銃もゴロゴロと市中に出回っている時代にもかかわらず、天皇陛下を傷つける者はなかった。天皇陛下を憎む者もほとんどいなかった。「昭和天皇の地方巡幸」は世界の人々を驚かせる。「天皇陛下と日本国民」の「深い心の絆」に世界中が感動した。私は、そんな日本に生まれてよかった。

昭和天皇は生涯、沖縄のことを思い続けてくれた。戦後、何とか沖縄への行幸《ぎょうこう》を希望されていたが、残念ながら行幸決定後、病に倒れられた。私は昭和天皇に心から感謝している。

天皇誕生日に合わせた死刑執行

天皇の誕生日は昭和23年までは「天長節」と呼ばれていた。今上天皇の誕生日は12月23日である。街は華やかにクリスマスムードで、天皇陛下の誕生日を祝う日本国民は少数。今上天皇の誕生日にはＧＨＱの悲しい企みがあった。

いわゆるＡ級戦犯（日本には戦犯はいないと私は思っているが、この議論は長くなるので止める）の方々が昭和天皇の誕生日４月29日（現・昭和の日）に起訴され、今上天皇（当時皇太子）の誕生日12月23日に死刑執行。

「よくもまあー、こんなことができたもんだ」と、その狡猾さと野蛮さに呆れる。今上天皇は誕生日の度に処刑された方々を思うであろう。その心情は複雑であられるのではと胸が痛む。日本の「敗者に対しても思いやりを持つ」「武士の情け」が遥かに美しくもあり高貴だと私は思う。

天長節には、我が家においては「日の丸」を掲揚し、お祝いをする。常に日本国民の平和と安寧を祈り続ける天皇陛下に、感謝の思いが湧いてくる。宮中では祝賀、宴会、茶会の儀、一般参賀と陛下は大忙し。

「先の大戦では300万を超す多くの人が亡くなりました。その人々の死を無にすることがないよう、常により良い日本をつくる努力を続けることが、残された私どもに課された義務であり、後に来る時代への責任であると思います」との大事なお言葉もいただいた。

ご高齢にもかかわらず多忙な毎日を過ごし、私心を持たず、日本国民を思いやる天皇陛下を心より敬愛申し上げる。

街に出るとクリスマスムードが華やかで、至る所で「クリスマスパーティー」が開かれているようだ。「日の丸」はほとんど見られない。遠くに国旗がポツンと見えた。これもまた日本だ。

ちなみに、日本が戦争に敗れるまでは、日本のお金には皇室の「菊紋」が描かれていた。それほど日本人と天皇陛下は密接だった。

ところが戦後GHQによって菊紋の使用が禁止されてしまう。大切なお金に輝いていた菊の御紋は完全になくなった。2600年以上も続く世界最古の国家が私たちの日本国。日本人と天皇陛下の繋がりは深く尊い。尊敬と慈しみ愛する歴史は偉大ともいえる。

GHQの日本人と天皇との分断政策は、「日本人に対する恐れ」でもあったのだろうと思う。皇室を将来的に抹殺し、日本人の誇りそのものを奪い去る計画は、お金にまで及んだ。

〈忘れ去られた日本の偉人　④〉

フィリピンに散る――本間雅晴

明治20（1887）年～昭和21（1946）年　新潟県出身

本間雅晴陸軍中将

本間雅晴中将は、日本陸軍きっての英国通で開戦反対論者でもあった。フィリピン攻略戦の指揮官として活躍。当時フィリピン司令官だったマッカーサーを打ち負かし、追い払った人物。敗戦後、マッカーサーの個人的な復讐によって、国際法は犯してないにもかかわらず、バターン行軍などの責任を負わされ、マニラで処刑された。

マニラ裁判で証言した奥様の富士子さんの言葉が胸に染みる。

「私は今なお本間の妻たることを誇りにしています。私は夫、本間に感謝しています。娘も本間のような男に嫁がせたいと思っています。息子には日本の忠臣である、お父さんのような人になれと教えます。私が本間に関して証言することは、ただ、それだけです」

その陳述もさることながら、富士子夫人の美しく、凜とした姿に、本間中将はもちろん裁判官や検事も感動の涙を流したといわれている。

〈忘れ去られた日本の偉人　⑤〉

ＧＨＱを論戦でやっつけた男――岡田資

明治23（１８９０）年～昭和24（１９４９）年　鳥取県出身

岡田資陸軍中将（写真：共同通信社）

大東亜戦争が終わる3カ月前に、名古屋空襲で撃墜されたB-29の搭乗員27名の米兵たちを処刑した岡田資《たすく》中将は、戦後、捕虜虐待の罪で理不尽にも処刑された。一切の国際法違反がないにもかかわらず。

横浜で行われた軍事裁判において、岡田中将は、「米軍の都市空襲は、一般市民を無慈悲に殺傷した無差別爆撃である。B-29搭乗員は国際法違反の戦犯であり捕虜ではない、処刑するのは当然」と徹底的に論戦と法で戦い、米軍による日本の一般市民虐殺を批判。毅然とした姿や高潔なる人格は、敵国の検察、裁判官の心をも動かし、名古屋空襲は無差別爆撃であり、国際法違反であるとの見解に導く。

裁判を担当した検事、弁護人らから、「何とか岡田を助けよう」と助命嘆願の要望書が出されたのだが、残念ながらGHQに受け入れられず、当初の予定通り昭和24年9月17日、巣鴨プリズンにて絞首刑にされた。

岡田中将は、「一切の責任は私一人にある」「命令を下したのは私だ」と米兵戦犯処刑に関わった部下をかばい続け、罪のすべてを我が身だけに負う。その美しい姿は敵国である米兵たちにも感動を与えたという。岡田中将の妻は、「私は岡田の妻であることに誇りを持っています」と裁判で証言する。立派な武人だった。

3　占領政策――今も残る「敗戦後遺症」

日本人は戦後、突然変異したのか

昭和20年8月15日に日本は戦争に敗れた。そしてGHQは、わが国を約7年間も占領。その時に何が行われたかを日本人は深く学ばねばならぬと私は思う。

「日本の戦前は悪。日本兵は残虐」、そんなふうに私たちは教育の中で教えられてきた。みなさんは自分の父母や祖父母、ひいおじいちゃん、おばあちゃんが残虐だったと思いますか？　太古の時代から、「お天道様が見ている。悪いことをしてはイケナイ！」と父や母は我が子に教えてきた。素晴らしい神道の世界で生きてきたのではなかろうか。すべてを受け入れ、異教さえも守る懐深き民族。一神教の「我が神以外は邪教」との考え方とはまったく違う。

「日本の兵隊さんは厳しいけど優しかった」との言葉は、アジア各地で自分の耳で聞いてきた。戦火で路上や室内に放置された子供たちを保護する日本兵も大勢いた。「日本軍が白人たちを追い出した」と歓喜するアジア各国民衆の写真もイッパイ残っている。「今の日本人を見ると先の大戦以前の日本人が分かる」のではないのか。

戦争に敗れた昭和20年以降、突然変異の如く日本人が道徳心高く、公共を重んじ、和を尊ぶようになったのだろうか。そんな馬鹿なことはない。日本人は昔から素晴らしい民族だ。日本人に生まれてよかったと心から思う。日本を大切にして生きていきたい。

占領費をアメリカに払わされていた

戦争に負けた日本へアメリカ軍を中心とした占領軍が入ってきた。その費用を日本政府が支払っていたことを知る日本人は少ない。

昭和20年9月にSCAPIN（Supreme Command for Allied Powers Instruction Note）2と呼ばれる連合国軍最高司令官から日本政府への訓令で、「日本政府は連合軍の必要とする建物、資材、労働力などすべてを提供しなければならない」と命令。つまり「進駐軍が必要とするものは何でもかんでも日本人のお金で準備しろ」という意味。米軍が使う建物、娯楽施設、慰安所、食料などを日本政府は出さざるを得なかった。

当時の日本は餓死者を出すほど疲弊しきっていたのだが、命令に背くこともできず、国家予算（一般会計）の3割を超えるお金（当時50億ドル）を占領軍に支払う。占領軍の命令で「戦後処理費、その他の費用」と粉飾して呼ばれていた。

国土は焼き尽くされボロボロに傷ついていた当時の日本人。それでも日本人は歯を食いしばって立ち上がってきた。苦しみながらも国家予算の３割ものお金をアメリカに支払っていた。先輩たちは偉大だ。

日本人をパン好きにさせたアメリカの魔力

日本は「瑞穂の国」ともいわれる。外国人の友が、日本の水田の美しさに感動し、ずっと見つめていたことがあった。

神話の世界から日本人は「稲」を大事にしてきた。天照大神《あまてらすおおみかみ》が邇邇芸命《ににぎのみこと》に、鏡、剣、勾玉《まがたま》の「三種の神器」とともに稲穂を与え、天孫降臨《てんそんこうりん》を命ずる。稲を植えて、人々がちゃんとご飯を食べて生きていけるようにとの願いが込められる。それほど、日本人と稲の関係は深い。その神話は現在へと繋がり、天皇陛下が田植えを行い、稲を刈る。

そんな話を外国人にすると、目を丸くして驚く。そして、「だから日本の水田は美しいのか」「日本がうらやましい」とも言う。

残念ながら、敗戦後のＧＨＱ占領下の洗脳政策で、日本人の食生活はすっかりと変わってしまった。戦後、学校給食法によってアメリカの小麦を日本人が未来永劫、食するようにしむけた。最初は援助の形で始められたのだが、アメリカの余剰小麦販売の仕掛けは見事に成功した。

アメリカ産小麦を消費させる目的で、学校給食においてパンが中心となり、それはズバリと当たる。子供の頃からパン食に馴染む膨大な数の日本人が完成。自給率１００％の米ではなく、ア

昭和24（1949）年10月17日、小学校の給食用に初めて脱脂粉乳のミルクが配られた。戦後深刻な栄養不足に陥った日本の子供にユニセフが援助したもので、段ボール製の丸い大きな容器がアメリカから届くと、大鍋で溶かし、バケツで教室まで運んだ。医薬品などとともに39年まで15年間援助が続いた。（写真：共同通信社）

メリカの輸入に頼る（約8割はアメリカから）小麦を日本人は好むようになった。「アメリカはやっぱりすごい」と、その戦略に恐怖さえ感じる。お米の消費量は激減してしまった。

　わが国の一般家庭のパンの消費額が米を上回るようになって久しい。いつの間にか日本人は神話の世界から現在まで繋がるお米よりもパンを大事にするようになってしまった。

「米の国」と書いてアメリカだが、私の思いは「麦の国」と書いてアメリカにしたい。日本の給食援助に使われたパンは、余剰小麦消費政策とアメリカ小麦農家援助、日本人食生活変革戦略（アメリカ産小麦販売のため）

だったと私は思っている。だから「米国」ではなく「麦国」だ。

瑞穂の国、日本の偉大なる米文化破壊のため、大々的な宣伝工作も行った。キッチンカーなるものをつくり、日本全国津々浦々で、「米を食うと頭が悪くなり体も弱くなる。だからパンを食べましょう」と日本人の頭を洗脳して廻った。見事ズバリと成功し、日本人の米消費量は半分まで落ち込む。日本人の食卓にはパンが定着し、恒久的大量輸出先をガッチリと確保した。アメリカの長期的国益政策は見事。

そして、私ぐらいの世代だと学校給食で飲んだアメリカの援助物資「脱脂粉乳」の不味さを覚えているだろう。とにかく不味かった。

あの白い液体は牛乳などと呼べるものではなく、私にとっては恐怖の飲み物だった。吐き気がするほどの匂い。プラスチックのコップに脱脂粉乳は入れられる。最初は熱くて手に持てない。冷め過ぎると、さらに不味さは増す。頃合いになった時にコップを手にして鼻をつまみ一気に飲み干す。私だけではなくほとんどの級友たちが同じように胃袋に流し込んでいた。お代わりをする偉人は一人もいなかった。今、考えると、「なぜ、あんな不味いものを出したのだろうか」と不思議な感じもする。

脱脂粉乳はアメリカの産業廃棄物だった。家畜の餌だった。アメリカは始末に困り、日本へ送ったなどとの見方もある。それも真実の一角ではあるが、このとてつもなく不味い脱脂粉乳が当時の日本の子供たちの栄養を支えたのも事実なのである。

ただし、給食援助はタダだと思っていたら、アメリカは「金を返せ」と突然言ってきて、日本政府はビックリ。理不尽だと思いながらも当時の極貧日本政府は20億ドルを泣きながら月賦でアメリカに支払った。

ララ物資を届けた日本の恩人——浅野七之助

日本敗戦後、国民の困窮状態は酷く、餓死者まで出るありさまだった。

そこに、腹を空かせ病に苦しむ日本の子供たちを救おうと、死に物狂いで奔走したのが、サンフランシスコ在住の浅野七之助（岩手県盛岡市出身）だった。

浅野が中心となって設立した「日本難民救済会」を母体に食料品、日用品などの救援物資が集められ「ララ物資（Licensed Agencies for Relief in Asia）」として日本へ届けられた。南北アメリカ大陸に暮らす日系人のみならず、日本人の惨状に胸を痛めるアメリカ人（日系以外）や数多くの国々の人々も応援してくれた。

たった一人のアメリカ在住日本人の切実なる行動が賛同を呼び、膨大な支援物資が集まった。そして多くの日本人が救われた。

あまりの膨大さ故にハッキリした救援総額は分からないが、おそらく当時のお金で４００億円以上だったといわれている。浅野七之助は、まさしく日本の恩人である。

アメリカ政府、軍の狡猾さが援助にも表れる。ＧＨＱの占領政策により、ララ物資は日本人が奔走した誠実なる援助にもかかわらず、天下のアメリカ様は、「日本人がやっていることを絶対に日本人に伝えてはイケナイ」と、その事実を封印した。「愛と正義のアメリカ様がやったのだ」と日本人に伝えたのである。

禁じられた飛行機製造

アメリカにゼロファイターとして恐れられた日本が誇る名機ゼロ戦は、正式には零式《れい》艦上戦闘機という。

昭和12（１９３７）年から三菱重工が堀越二郎設計主任を中心として開発を行い、昭和15年、正式に旧日本海軍の戦闘機となった。採用された昭和15年を皇紀にすると２６００年、その下２桁の数字の「00」を取って「零式」と銘打つ。アメリカなどが、この名機をゼロファイターと呼んだため「ゼロ戦」と呼ばれるようになったそうだ。

当時、日本の飛行機製造技術は素晴らしかった。ところがアメリカは日本を恐れ、敗戦後、完全に飛行機製造、技術開発などのすべてを禁じた。世界に冠たる日本の飛行機開発能力は真っ暗闇となってしまった。

ところがわが国はへこたれない。優れた日本人技術者たちは自動車研究へと向かう。その結果、わが国の自動車は世界最高峰となる。

子供の頃、憧れていた車があった。それが「スバル３６０」だ。「てんとう虫」と呼ばれた、この車が欲しくてたまらなかった。

我々の子供時代は、車というのは高くて、とても庶民が買えるようなものではなかった。ところが「充分な実用性を備えた庶民が手の届く安い車」の理想を掲げて造られた「スバル360」が登場。航空機技術を応用し、超軽量構造でなおかつ大人4人が乗車できる車として昭和33（1958）年にデビュー。富士重工業（スバル）が徹底してこだわり、技術のすべてを注ぎ込んだ「てんとう虫」だった。日本の車社会を変えた名車と言っても過言ではない。

現在でも「スバル360」がたまに街を走っているのを見かける。安くて丈夫で性能も高い見事な車です。かわいらしい、その姿を見ると「ヨッ！　頑張ってるね」と声をかけたくなる。そして子供の頃を思い出させてもくれる。「スバルさん」ありがとう。

そしてついに、飛行機開発がわが国でも再開される。自動車開発の研究者たちは飛行機にも目を輝かせる。すでに優れたジェット機が開発されている。三菱重工の小型旅客機MRJ（三菱リージョナルジェット）の性能は高い。

また防衛省技術研究本部と三菱重工業は先進技術実証機（ATD-X）を開発していた。通称「心神」と呼ばれる次世代戦闘機はアメリカさえも恐れる。あと数年で大空を飛び回ることだろう。ホンダの小型ビジネス用ジェット「ホンダジェット」は、いまだ製造販売されていないにもかかわらず、すでに数百機の注文があるという。「日本が造る飛行機は絶対に素晴らしいに違いない」と世界が認めているからである。

半世紀以上も飛行機を造ることを許されなかった日本。だが、まだ遅くはない。ものづくり日本の底力で、近い将来、必ずや世界最高峰の飛行機を造る国家になると信じている。日本人の不撓《とう》不屈の精神は気高い。日本人の技術力は目を見張るほど。そして世界が最も認めているのは日本人の誠実さである。日本の未来は輝いている。

ＧＨＱが行った日本洗脳プログラム

日本が戦争に敗れ、ＧＨＱが徹底して行った「日本人から誇りと自信を奪い去る」洗脳プログラムは見事なほど成功したと、私は思っている。「日本は悪い国、戦前の日本の精神文化の否定」などが、日本人の心に刷り込まれてしまった。

多くの方が、「日本はアジアから嫌われ憎まれている」と思っていたようだ。「トンデモナイ」とアジア各国を２００回近く訪ね、その土地の人々と触れ合った経験から、「日本がアジアから信頼されている」と話すと驚く。

私は年６回程度はアジア、アメリカなど、異国の地に足を運ぶ。アジアの人々は日本の敗戦をよく知る。

「惨めな日本人の姿を見たくなかった」と敗戦直後のアジア首脳が語る言葉も残る。それでも、「よくぞ日本は復活した」とネパールやミャンマー、ラオス人などの声も幾度も聞いた。

アメリカが悪いとは思っていない。「未来永劫、二度とアメリカ様に逆らわせない」という戦略はアメリカにとっては当然だろう。日本人ほど、恐ろしい民族はいないだろうからだ。高度な精神文化と団結力は、他国にはない力を持つ。アメリカが悪いのではなく、戦後70年間も放置した日本人が問題だと私は思う。

今、日本人が日本を見つめる時期に来ていると感じる。日本を取り巻く国際情勢はシビアだ。

冷戦時代の二極対立で守られていた時代は、とっくに終わっている。アメリカは、どんどん弱くなっていくのは間違いない。

だからこそGHQにより日本占領政策の一環として行われた「戦争についての罪悪感を日本人の心に植えつけるための宣伝計画」であるWGIP（ウォー・ギルト・インフォメーション・プログラム）を学び、戦後教育を「これでいいのか」と考える必要があるのではないだろうか。

「日本は悪い国」「日本人として誇りを持てない」と日本の子供たちから何度、聞いただろうか。誇りと自信は奪い去られてしまったのか。

だが！　日本人は、どんなに苦しく辛くても必ず起き上がってきた。右や左の思想ではなく「自国に誇りを持つ」、この当たり前のことを取り戻すべきだと私は思う。

5月15日は沖縄「祖国復帰」の日

あれから43年も経つのかと東京の自宅で思う。日本人のほとんどは、5月15日が「沖縄が日本に帰ってきた日」とは知らないだろう。

生まれてから18歳まで米軍統治下で暮らす。自然豊かな本島北部の本部町で少年期を過ごし、毎日のように海を眺め遊んでいた。多くの食べ物をいただき、自然の恐ろしさも教えてもらった。思春期に入り、基地の街コザ（現沖縄市）に移り住む。米兵たちが占領意識丸出しで闊歩する街だった。

沖縄の嘉手納飛行場。アメリカの空軍基地がある。

当時の米兵は酷かった。婦女暴行は日常茶飯事、交通事故で沖縄の人々をひき殺しても無罪放免、本国送還で一件落着。高校生の頃、同年の女子校生が刃物で数カ所刺され、サトウキビ畑に引きずり込まれる。幸いにして命は助かり、16歳の少女は血だらけになりながらも叫び続け、婦女暴行も未遂となる。後日、犯人は捕まるも本国送還となり罪は問われず。悔しかった。どうしようもない怒りだった。悔しくてくやしくて泣いた。

今の米兵は、当時と違い犯罪は少ない。逆に県民の犯罪率よりも低いと聞く。私の心に反米感情は一切ない。沖縄米軍基地の大切さ、日米安保の重要性も分かっている。ただしアメリカを信用はしない。歴史を見ると一目瞭然。

毎年5月15日になると、「やっと日本人に戻れた。日本に帰ることができた」と喜びに満ち溢れた18歳の頃を思い出す。

〈忘れ去られた日本の偉人　⑥〉

温情の人――今村均

明治19（1886）年〜昭和43（1968）年　宮城県出身

占領した国や地域の現地住民から、温厚で高潔なる人物と評価され、敵国の連合軍からも賞賛されていたのが今村均陸軍大将である。

大東亜戦争では、第16軍司令官として、オランダ領東インド（インドネシア）攻略を指揮。たった9日間で9万3000のオランダ軍、5000の英米豪軍を無条件降伏させた。

インドネシアの人々はオランダの植民地政策により300年以上も苦しみ続けた。略奪、搾取、虐殺の限りである。

しかし、日本軍が蘭英米豪軍を蹴散らした。自分たちと同じアジア人が、絶対に勝てない、神とまで崇めていた白人を追い払ったのである。人々は歓喜の声を上げ、日本軍を迎えたという。

今村大将は敗戦後、戦犯として裁かれた。死刑判決を受けるも、現地住民からの証言や救命願で禁錮10年となり、巣鴨プリズンに送られる。

しかし今村大将は、「いまだに悪環境の南方で服役する元部下のことを考えると、自分だけが東京にいることはできない」と、日本将兵が収容されているマヌス島刑務所への入所を願う。

それを聞いたGHQ最高司令官マッカーサーは、「真の武士道に触れた思いだった」と、すぐにマヌス行きを許可したといわれている。

刑期を終え、日本に帰国した今村大将は、東京の自宅にて恩給だけの質素な暮らしを続ける傍ら、『回顧録』を出版。その印税はすべて戦場に散った英霊やその遺族の方々のために用いた。

蘭印方面陸軍最高指揮官の今村均陸軍大将。（インドネシア・ジャカルタ、昭和17年、写真：朝日新聞社）

第3章　アジアの人たちは日本をどう思っているのか

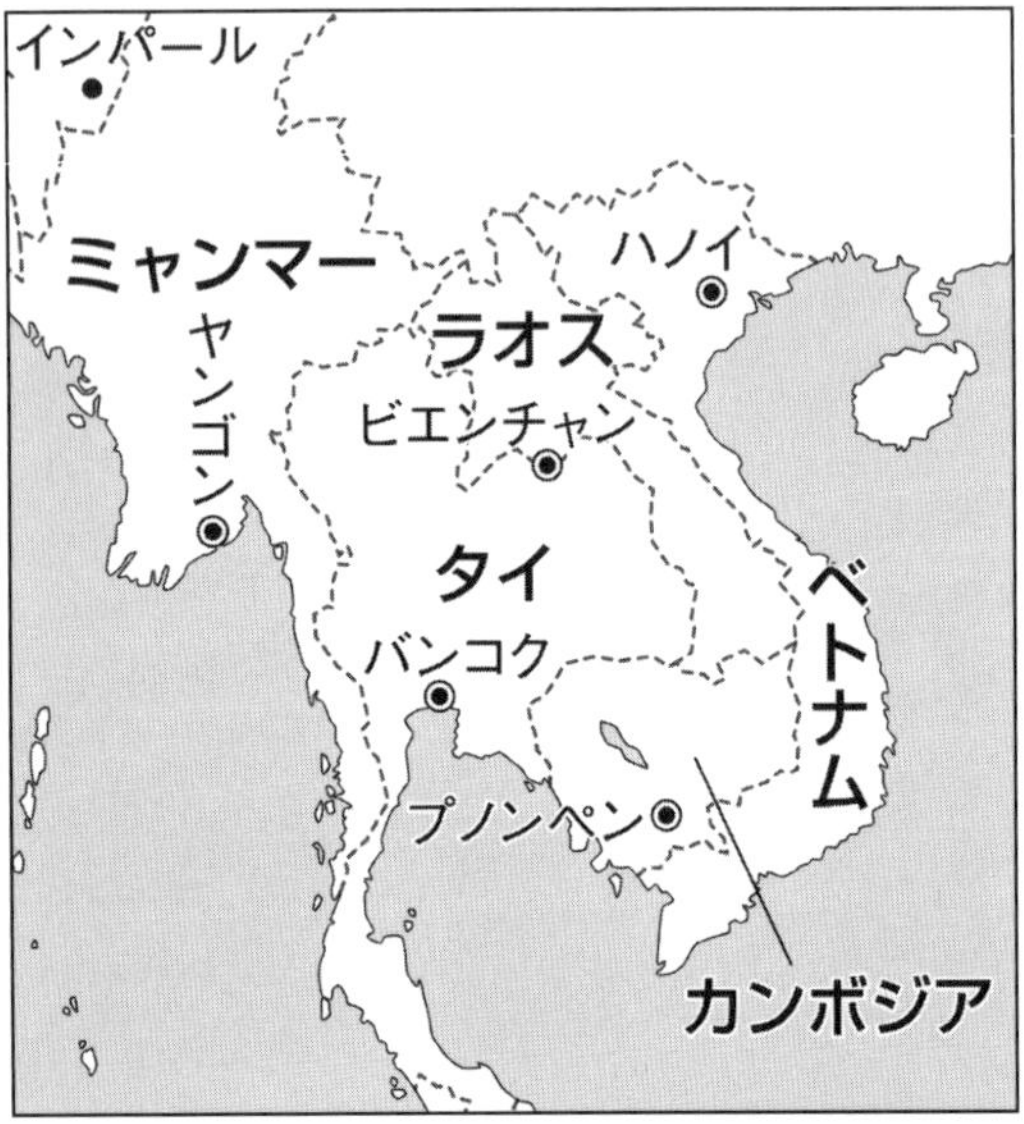
インパール
ミャンマー
ヤンゴン
ラオス
ハノイ
ビエンチャン
タイ
バンコク
ベトナム
プノンペン
カンボジア

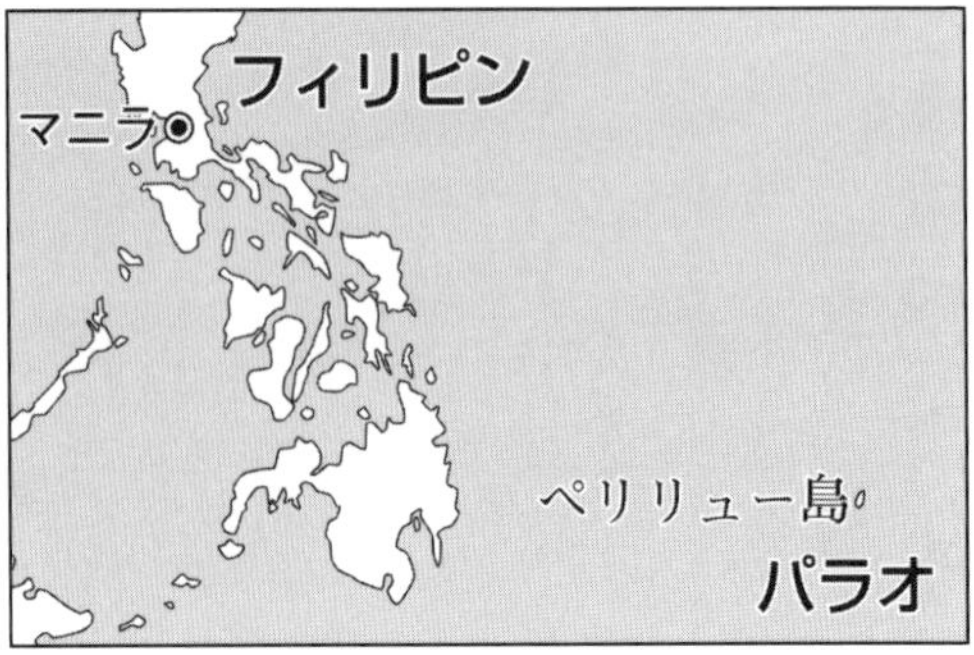
フィリピン
マニラ
ペリリュー島
パラオ

1　ラオス——「フランス兵は日本兵を見ると逃げ出した」

平成26年6月、ラオスはシエンクアン県の田舎町に滞在していた。同県東北に位置するユアン村で、私どもの団体が支援事業として工事を行っている橋が、ほぼ完成したとの報告を受け、最終チェックが主な役目だった。

加えて、今回の滞在にはもう一つ大事な仕事があった。それは、人生の先輩方が生きている間に、直に聞き取り調査を行いたいと、日本軍を知っていたり、日本兵と交流のあった80代のお年寄りを捜し、当時の様子を調査すること。

日本軍が駐屯していたと思われる村々を廻り、先輩方を訪ね、話を聞く。もうすでに80代半ば、早く調査をせねば、との思いは年々強くなる。ラオスの人々と日本兵がどのように関わったのか、真実の日本兵の姿を、証言とともに映像にも残さねばと行動している。

日本人が信じ込まされている「日本軍は侵略を行い、日本兵は残虐だった」との評価は真実であろうか？　冷静に客観的に見つめたい。

「フランス人はラオス人を家畜のようにこき使った」

かつて日本軍が駐留していた村々を訪ね、当時（昭和19年頃）の日本兵と関わった人々に調査を行い、話を聞いている。

日本とラオスの現代史を知るには、どうしてもフランス植民地時代の状況を聞かざるを得ない。「あいつらは人間ではなかった」とフランス時代を経験したお年寄りたちは、憎しみの表情を剥き出しにする。聞き取り調査を行った全員が、フランス植民地時代のことを聞くと形相が変わり、口も荒くなった。

「フランス人たちは俺たちラオス人を人間とは思っていなかった。家畜のようにこき使い、すべてのものを奪い取る。俺たちは奴隷だった」

当時のフランスの植民地支配の圧政、差別、残虐さは半端ではなかった。たった70年近く前までは、アジアの国々のほとんどは欧米列強の植民地だったのだ。ラオスと同じようにアジアの人々が酷い状態だったのは間違いない。当時は白人以外、人間ではなかったのだから。

植民地時代のラオス国民の苦しみは筆舌に尽くしがたいほど。フランス兵たちは搾取、略奪、強姦、殺戮と蛮行を続けていた。奴隷状態に置かれたラオス国民は、「白人には絶対に勝てない。自分たちは何をされても黙るしかない。殺されるよりはましだ」と耐えることしかできなかった。

ある学校の校長先生が、「日本人がフランスを追い出してくれた。ラオス人と日本人が力を合わせて白人を追い出した。ありがとう」と私の両手を握り、頭を下げた。

　絶対的な支配者のフランス兵たちは、日本兵の勇敢さと強さを知り尽くし、恐怖心を持っていたという。日本兵を見かけると、フランス兵はすぐに逃げ出したそうだ。日本兵の軍服が洗濯物として干されているのを見ただけでも、彼らは一目散に逃走したとラオスの古老は語った。

「フランス兵は臆病だった」と何人ものラオス人が憎しみの表情で話す。「フランス兵はラオス人を徹底的にいじめていたが、勇敢な日本兵を見ると青ざめて逃げていった」と教えてくれた。

　一方で、話を聞くときには、「私が日本人だからといって気遣いしないで本当のことを教えてください」と頼むのも忘れない。

「本当は日本兵にも辛い目に遭わされたのではありませんか？　家畜や食べ物などを奪われたのでは？　女性たちが酷い目に遭ったのでは」と、あえて「日本人としては苦しい」質問も投げかける。

　今回、お話を伺った5名の老人たちは、それぞれ異なる村に住んでいたが、誰一人日本人を悪くは言わなかった。

　女性に乱暴するなどトンデモナイ！　男たちを殴る者もいなかった。共に道路工事を行ったが、厳しさはあったものの乱暴狼藉はなかった。多くの日本兵が市場で魚、野菜、バナナを買ったが、全員がきちんとお金を払い、「ありがとう」と品物を受け取っていたという。むしろ日本兵と仲良くなり、親しき交流も生まれた。

　私たち日本人は、「日本は悪、日本兵は残虐」だと教えられてきた。私にとって答えを恐れながらの質問でもあったが、聞いてよかったと思った。ラオスの大先輩たちの言葉を聞き、何度も泣いた。嬉しかった。

世界で最も爆撃で破壊された国

ベトナム戦争中にアメリカ軍によって落とされた爆弾で、ラオス国民は苦しんでいる。戦争終了後40年近く経った今でも悲劇は続く。

不発弾に触れてしまい両足とも失った父親がいる。彼はもう、農業どころか働くこともできない。この家族は、これからどうして生きていくのであろうか。大の親日国ラオスのことを日本人に知ってほしい。

私が代表を務める「アジアチャイルドサポート」のラオスにおける活動拠点は、ベトナム戦争で最も米軍の空爆にさらされたシエンクアン県である。建物が一軒も残っていないほど破壊された地域で、いまだ人々は不発弾で苦しんでいる。

アメリカは既に大東亜戦争で日本に対し、完全に国際法違反となる市民殺害目的の都市爆撃や広島・長崎への原爆の実験投下を行った。これと同じことを1970年前後にラオスでも実行したアメリカ。

日本人にはあまり知られていないが、ラオスは「世界で最も爆撃で破壊された国」として知られている。アメリカはまったくもって残虐非道。毎日、800回もの爆撃が数年間続き、ラオスの町や村は破壊された。特にベトナム国境沿いのシエンクアン県は一軒の住宅さえも残らないほど、徹底的に焼き尽くされ、多くの人命が奪われた。

日本への原爆投下と同じように、ラオスへの爆撃では、クラスター爆弾の実験が行われた。クラスター爆弾とは、砲弾型のケースの中に多数の子弾を搭載した弾薬である。目標上空で子弾を広範囲に散布するため、一度の攻撃で広い範囲を攻撃することができる。しかし、クラスター爆弾は、その攻撃範囲の広さから、軍事目標周辺にいる民間人にも被害を与えてしまう危険性が高い。また、不発となる子弾の数も多く、地雷とほぼ同様に、紛争終了後も民間人の生活に与える被害も大きい。

ベトナム戦争終結から40年が経過した今でも、人々は特にクラスターの不発弾に苦しみ、のたうち回っている。アメリカによる銃後を襲う非人道的な戦い方は健在だった。

それにしてもアメリカは罪なことをしたものだ。空を飛ぶ米軍の爆撃機。地上には貧しくとも穏やかに暮らす人々がいる。罪なき人々に対して大量の爆弾を落としまくる。多くの命を奪い、そして、苦しみと悲しみを今も与え続ける。

シエンクアン県は、やっと平和を取り戻し、穏やかな暮らしとなったが、それでも不発弾が常に身近に存在する。何げなく入った食堂の庭先に、信管を抜いた爆弾が置かれていた。この店だけではなく多くの家々の近くで、発見された不発弾が無造作に積まれている。今でも至る所で不発弾が出てくる。その中で暮らす人々の恐怖は計り知れない。

あるラオス高官は、「アメリカ軍は笑いながら女子供を殺していた」と話した。憎しみの戦争を繰り返すつもりはないが、アメリカ軍がやった無差別攻撃を決して忘れることはないと静かに語った。

日本語を懸命に学ぶ若者たち

ラオス国立大学といえば、日本の東大のような、ラオスの優秀な学生が集まる大学。その日本語学科で学ぶ学生たちを、アジアチャイルドサポートは奨学金制度を設け、応援を続けている。奨学金を受ける若者たちの家庭環境は、決して豊かではない。貧しい農家の子供たちだ。親と一緒に暮らせなかった学生もいる。子供の頃からゴミ捨て場やゴミ置き場を廻り、ペットボトルやアルミ缶などを拾い、生きてきた若者もいる。日本人には想像もできない貧困と闘いながらも、彼らは勉学に励んできた。

奨学金制度を行ってから、学生たちの成績がアップしたそうだ。日本で学び、日本の博士号まで取った美人教授が、「学生たちが安心して勉強に取り組むことができるようになりました」と笑顔で語ってくれた。

学生たちのスピーチにも涙が溢れてきた。

「学校に通うバス賃が払えます」「家賃を払える」「教科書を買うことができます」「やっと三度の食事がとれるようになりました」「日本人の愛を一生忘れません」

何度も「ありがとう」と言う。中には涙を流し、「本当に助かっています。必ず恩返しをいたします」と話す若者もいた。

ラオスは超親日国。日本語を話す優秀な若者たちを育てる支援は、日本とラオスの友情に大き

ラオス国立大学日本語学科で学ぶ学生たちと筆者（中央）、手前右端が妻。アジアチャイルドサポートは奨学金制度を設け、応援を続けている。

く貢献していると断言する。

日本のみなさん、ラオスの若者たち、ありがとう。心から感謝いたします。

2 ミャンマー ―― 独立の志士はメイド・イン・ジャパン

ミャンマーは、イギリス植民地として約100年間もの長きにわたり統治されていた。ビルマという国名だった。その当時の圧政と搾取、略奪、虐殺は酷いものだったという。

しかし、私は以前、教育レベルの高い50代前半のミャンマー人男性に、イギリス植民地時代の話を聞いたことがあるが、あまり知らないようだった。最後のビルマの王様が大英帝国により家族と共にインドへ強制的に連行され、絶望の中で亡くなったこと、后をはじめとする家族が残虐な仕打ちを受けたことなど、詳しく知っている様子はなかった。

イギリス兵が祀られる墓地は、結婚式の撮影スポットとしても有名だ。アウンサンスーチー女史の父親、アウンサン将軍は国家的英雄だが、その将軍を謀略により殺害したのはイギリスである。しかし、娘のスーチー女史はイギリスが大好き。複雑な思いを持つ。不思議だ。

街中を走る「日本語が書かれた商用車」

ヤンゴンの街で「あさひ幼稚園」の車を見かけた。どうやら地域住民の乗り合いバスとして活躍しているようだ。元の日本の持ち主に「まだ現役で頑張ってるよ〜」と伝えたい思いに駆られる。

東南アジア全域で見られる光景だが、日本語がそのまま書かれた商用車やバス、トラックが街や村を走っている。

現地の私の友人はサイドとバックに東北の建築会社「＊＊（会社名はカタカナ）株式会社」と書かれたトラックに乗っている。

私が、「なぜ文字を消さないんだ。塗装をした方がいいんじゃない？」と聞くと、彼はちょっと私を馬鹿にするように話した。

「お前は何も分かっていない。日本語が書いてあるから価値があるんだ」

どうやら車の持ち主たちは日本語の意味は分かっていないようだが、漢字だけだとチャイナ製だ、漢字とひらがなやカタカナが書かれていると日本製と識別しているようだ。

日本車の評価はものすごく高い。だから、日本語が書いてあると、「どうだ日本製だぜ！　スゴイだろ！」とアピールできるとのこと。だから日本語は消さないでそのまま残す。日本人として嬉しくなる話だ。

ミャンマーを独立に導いた「30人の同志」

ビルマ（現ミャンマー）は、1886年からイギリス領インド帝国となり、白人帝国主義の植民地政策による搾取と虐待、略奪を受けた。人々は苦しみ、のたうち回っていた。イギリスは商売、金融を、連れてきた中国人とインド人に任せ、警察、軍隊の治安をカレンなど少数民族を中心に構成し、中心的民族のビルマ族に対しては圧政を強いた。仏教の教えを守り、静かに暮らしていた人々は地獄の様相となった。

白い悪魔から救うためにビルマの人々に手を差し伸べたのは、日本だった。

かつてビルマと呼ばれたこの国と、日本との繋がりは深い。巨大なる大英帝国に立ち向かうビルマの若きサムライたちに対して、徹底的に軍事訓練、指導を行い、「ビルマ独立義勇軍」を誕生させた。日本の鈴木敬司陸軍大佐（のち少将）を要とした「南機関」が、台湾や香港でビルマの若者30人に対して、血を吐くような訓練を行ったのだ。ビルマ独立に命をかける若者たちは、地獄の訓練を耐え、乗り切り、そしてビルマ独立の凄まじい戦いが始まった。

ミャンマーの人々は「30人の同志」のことを現在でもよく知っている。アウンサン（スーチー女史の父親）やビルマ最大の英雄ネウィンなど、独立後の政府要職は「30人の同志」から選ばれている。

浜松市の大草山にある「ビルマゆかりの碑」の前で、頭を下げるミャンマー軍のミン・アウン・フライン総司令官。奥は故鈴木敬司陸軍少将の２人の娘。「この碑はビルマ国民に建国の父と仰がれるオンサン将軍が去る昭和十五年わが国に亡命して当地出身の鈴木敬司少将と共に祖国独立運動の秘策を練ったこのゆかりの地に建てられたものであります」と書かれている。（平成 26 年９月 26 日、写真：共同通信社）

日本の応援があったにせよ、あの大英帝国に「30人の同志」はよくぞ戦いを挑んだと思う。全員が最初から死ぬ覚悟を持っていた。見事だ。それにしてもミャンマー人の多くは知っているのに、なぜ日本では日本人にこのことを教えないのだろうか。

一方で、大東亜戦争時代に手を組み、イギリスからの独立を支え合った仲ながらも、日本の敗戦が濃厚となった戦争末期には、国の存続をかけた駆け引きもあり、日本とミャンマーの歴史には決して光だけではなく、陰の部分もかなりある。

それでもミャンマーの人々

は日本を愛してくれる。大事にしてくれる。一時期、軍事政権に対する西側陣営の経済制裁などに対抗するために、チャイナからの政治、経済、軍事侵攻を許したが、すぐに危うさに気付き、西側、特に日本との関係を重視し始める。人々も華人や韓人の企業や工場で働くよりも、「日本企業で仕事をしたい。日本人と働きたい」と言ってくれる。

ミャンマーで受勲した日本軍人

戦後、学校教育やテレビ、新聞などにより、我々日本人は、「日本軍は残虐非道でアジアの人々を虐殺した」と刷り込まれてきた。一部の日本兵が非人道的な行動をした例もあるだろうが、実際の日本軍は世界で最も軍律厳しく規則正しかった。と言っても「信じられない」と首を横に振る日本人も多い。

客観的に見るためにも、「日本が侵略した」といわれているアジア各国の評価を見れば分かってくれるだろうか。実は多くのアジア要人が、「白人を追い出してくれた日本に感謝している」との言葉を残しているのだ。

このミャンマーにおいては1981年に、「ビルマ独立のために絶大なる貢献をしてくれた」と、ビルマ独立義勇軍に対して軍事訓練指導を行った、南機関の鈴木敬司大佐をはじめとする7人の日本人に対して、国家最高の栄誉「アウンサン勲章」を授与し、その功績を最大限に讃えている。

もし日本が本当にミャンマーの人々を苦しめ虐殺したならば、日本の軍人に対して、このような勲章を授与することはないだろう。

私はアジアの人々から日本兵の勇気と素晴らしさを教えられた。若い時は自虐史観にドップリと浸かっていた。そんな自分を変えてくれたのはアジアの人々だった。

残虐なイギリス植民地時代を知らない人々

ミャンマーでも90歳前後のご老人を訪ね、植民地時代や日本時代の日本兵との関係などについてお話を伺うことができた。

ミャンマーの20～70代の人々には、日本とそっくりと思われる点がある。彼らの多くはイギリス植民地時代のことを知らないのだ。当時の植民地政策で、いかにミャンマー人（当時ビルマ）が搾取、略奪に苦しみ、多くの人々が虐殺されたのを知らない（もちろん中には精通している人もいる）。

隣のインドがイギリスの植民地となり、多くの罪なき民が餓死に追い詰められ、両手を切り落とされていた事実も知らない。

「エッ！　イギリスがミャンマーに酷いことをしたの？」という感じで、私の方がビックリしてしまう。日本人も白人帝国主義による植民地時代の有色人種の苦しみを知らない。コロンブスやマゼランなどの強盗集団頭目を大航海時代の偉人として尊敬する日本人が多いことにもビックリだが。

しかし、植民地時代の残虐さを知って、「白人たちに恨みを！」との思いはサラサラない。ただ歴史をしっかりと学ぶことは大事だと思っている。イギリス植民地当時のことをミャンマー人に話すと、驚いた顔をして頼まれた。

「私たちは真実を知らされていないかも？　もっと外（外国）からの情報を伝えてください。もっと教えてください」

「はなこ」と呼ばれた日本兵のアイドル

日本人は、日本兵がアジアの至る所で残虐行為を行ったと教えられてきた。確かに戦時下においては人間の心は狂う。残虐行為が一切なかったとは私自身、思ってはいない。

ヤンゴンから約30分、イラワジ川を大型フェリーで渡る。対岸へ到着後、赤土が剥き出しになった道路を車で2時間近く走る。それから小型ボートに乗り換え1時間。さらに気温40度、太陽の光がギラギラと照り付ける道を歩く。やっと日本兵がいた村に到着。外国人が来ることは珍しいのだろうか、人々が集まる。日本人だと知ると目を見開き凝視する。

村の奥地に暮らす88歳のおばあちゃんは、日本兵を何度も見かけたという。まだうら若き乙女の頃。最初は日本の軍隊がやって来たと、恐怖の思いだったという。それはそうだろう。銃を持った屈強なる男たちが集団で入ってきて怖いのは当たり前。ましてや戦時下のことだ。

日本兵の当時の様子を聞いてみた。

「おばあちゃん、日本兵が悪さをしたのではありませんか？」

とストレートに尋ねる。おばあちゃんは即座に両手を左右に振り、にこやかに話してくれた。

「トンデモナイ、悪さをする日本兵は一人もいません」

村の人々は優しかった。みんなが、「ミンガラーバー（挨拶の言葉）」と挨拶をしてくれる。「日本人がやって来た」と大喜び。どうも私たちが教えられた近現代史は偏り過ぎなのかもしれない。

40代初めのミャンマー人男性と会った。頭も良く穏やかで、正義感も強く、家族を大事にする素晴らしき男。

彼の母親は日本兵から、「はなこ」と呼ばれていた。残念ながら母親は、男が20代の初め頃、亡くなった。お母さんがよく語ってい

おばあちゃんも「ミンガラーバー」と挨拶をしてくれた。

たという。

「私は日本兵にかわいがられたのよ。いつも遊んでくれた」と懐かしそうに息子に話していた。多くの日本兵が、「はなこ、はなこ」と抱きしめてくれた。まるでアイドルのような存在だったそうだ。

日本を愛する母親に育てられた男が日本を大好きになるのは、自然な流れ。彼は青年となり日本へ研修生としてやって来る。農業を学び日本語もペラペラとなる。

やがて結婚して娘が誕生。その娘に「花（Hana)」と名付けた。そして、おばあちゃんと日本兵の交流を娘に語り伝えている。

「花」と名付けられた少女は、美しく明るく育っている。芯の強さも感じる。そんな娘が日本とミャンマーの懸

ヤンゴン市街の外れに日本人墓地がある。いつ頃できたのかはハッキリしないのだが、100年を超えるのは間違いない。明治の頃、「からゆきさん」と呼ばれた女性たちの墓が多い。戦争で亡くなった日本兵の墓もあった。この墓地を、しっかりと美しい形で現地の人々が守ってくれている。

け橋になってほしいと願う。

ミャンマーの子供たちから教わったこと

アジアチャイルドサポートが支援し建設した学校の、その後を調査するために、エヤワディー管区（日本の県に相当）の村を訪ねる。ミャンマーの大都市ヤンゴンから西へ車で３時間、さらに船に乗り継ぎ、やっとエヤワディー管区の村に到着。

学校でセレモニーを終えて、子供たちとの交流タイム。私はいつものように、「あなたの夢は何ですか」と聞いてみると、先生、警察官、エンジニア、歌手などさまざまな職業が飛び交う。

10年ほど前までは、彼らには職業選択の夢はほとんどなかった。ほぼ全員が「先生」か「農家」と答えた。「ミャンマーも変わってきた」との実感を得た。

日本人にとって非常に嬉しいのが、「日本に留学したい」との思いを持つ子供たちがいることである。学校教育では、「日本とミャンマーの歴史」について、ありのままの事実を教えている。

中学生の少女に夢を聞くと、すっくと立ち上がり、凛とした姿勢で語ってくれた。

「アウンサン将軍は日本で学んだから偉大な人物になった。私も日本に留学して勉強がしたい。そしてミャンマーのリーダーになりたい」

ミャンマーの子供たちの日本に憧れる思いは強いと感じる。イギリスの圧政からミャンマーを解放した「30人の同志」と呼ばれるミャンマー建国のリーダーたちが、日本で学んだのを知って

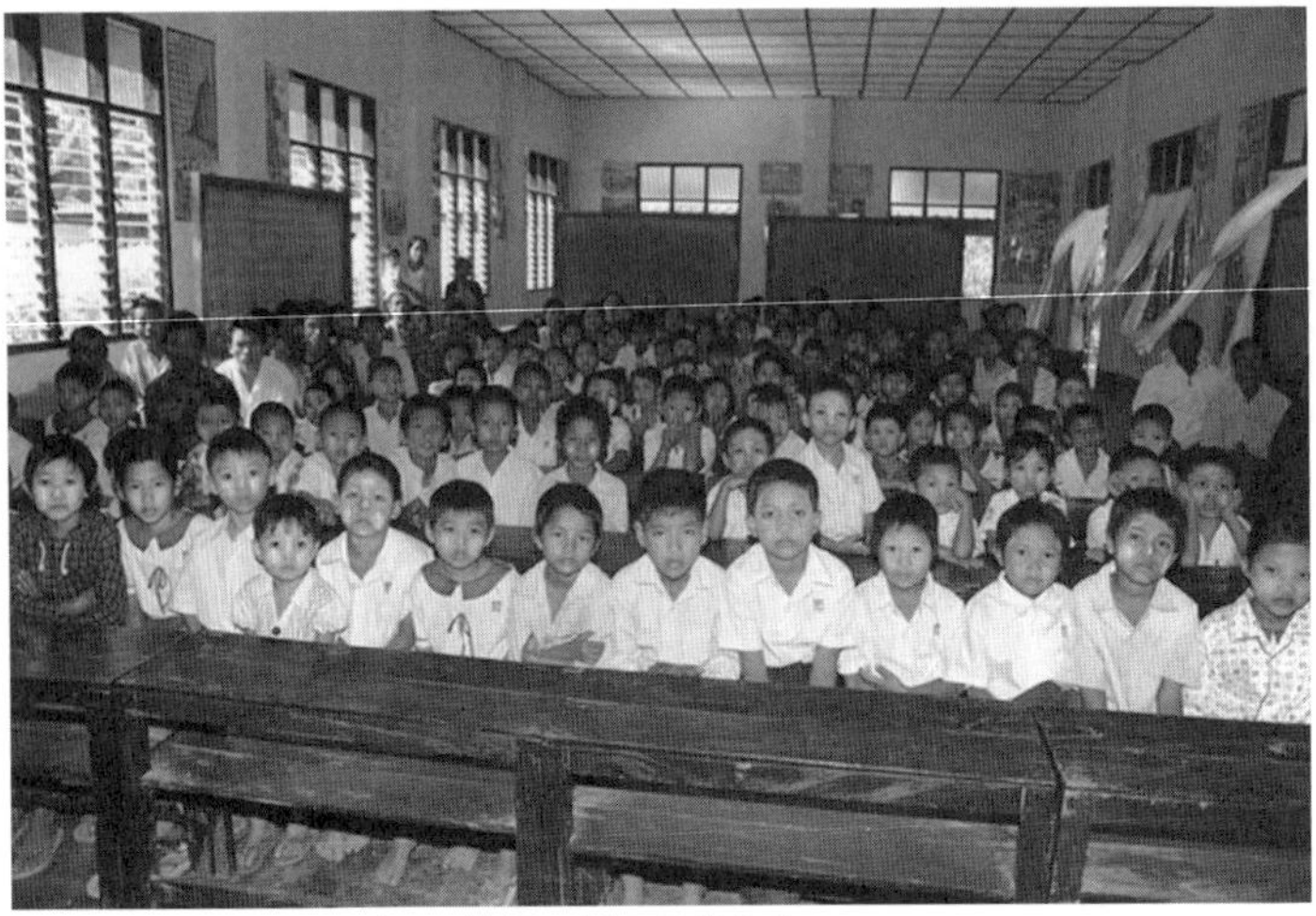

ミャンマー・エヤワディー管区の村の子供たち。

いるからだ。

いつも打ち合わせなしで子供たちにさまざまな質問をする。突然の問い掛けには演技や社交辞令では対応できない。だからこそ子供たちの真実の姿と思いが表れる。

ただ単純に「自分の国が愛されている」と知ると嬉しくてたまらない。特に、ヤンゴンのような都会に暮らし情報が溢れる中で暮らす子供たちではなく、電気も水道も何もない田舎の子供たちが話してくれたのが非常に嬉しかった。

子供たちが憧れる日本人として「きちんと背すじを伸ばさねば」と気合が入った。

アジア途上国を廻り始めて30年近くの歳月が経過したが、その間、多くの人々から人間として大切なことをたくさん教えてもらった。

小学校には、生まれながら両手のない10歳の少年がいた。ただ普通に立つ少年。違和感を覚えるのは白いシャツから手が出ていないだけ。

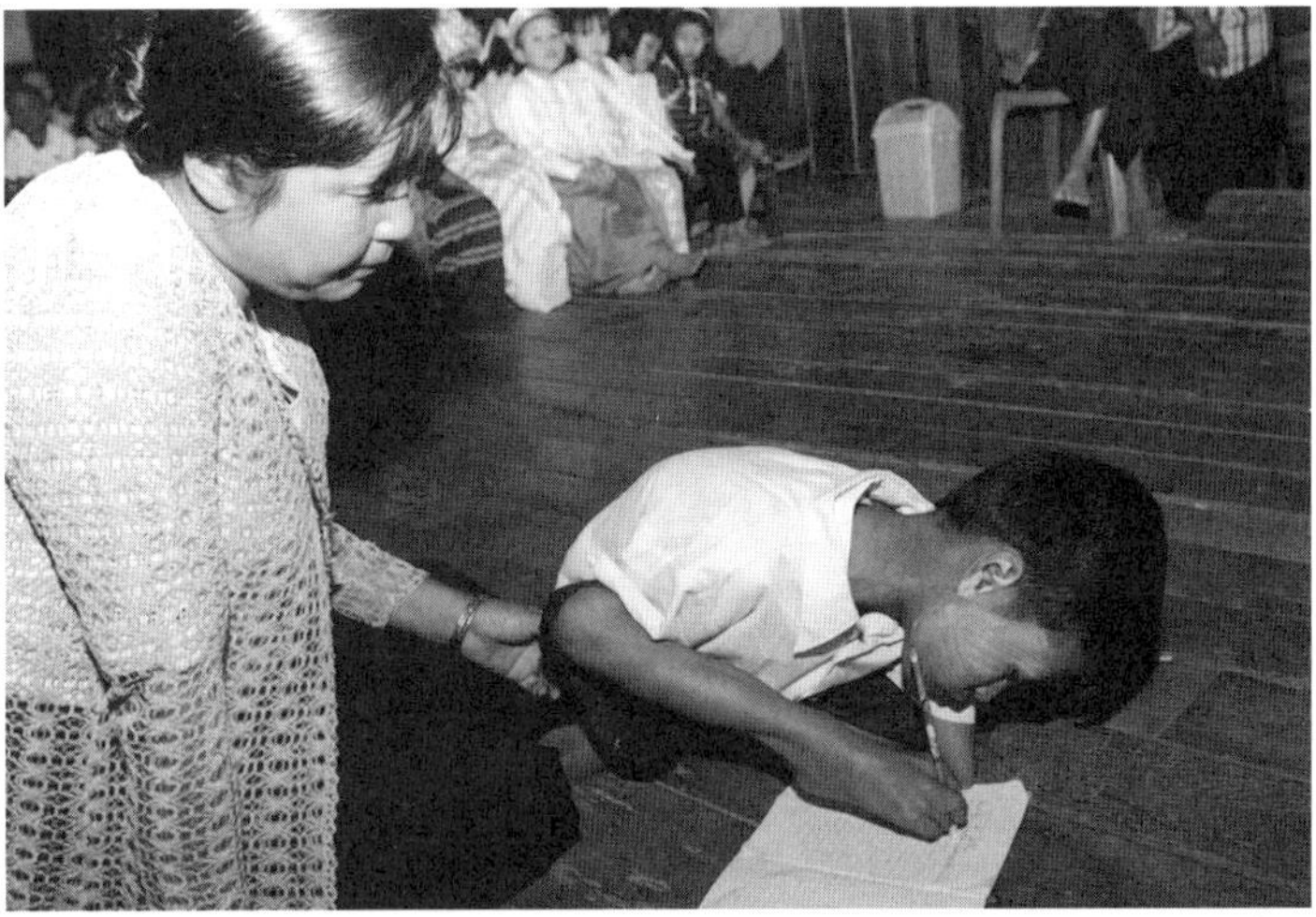

「日本のオジちゃん！　僕は字も書けるよ」。生まれながら両手のない10歳の少年は、足の指にエンピツをはさみ、自分の名前をノートに書き始めた。

「日本のオジちゃん！　僕は字も書けるよ」

と床に座る。足の指にエンピツをはさみ、自分の名前をノートに書き始めた。隣では校長先生が優しく見つめる。周りの子供たちは別に気にしている様子もない。

私の中では静かだが深い衝撃が走る。少年を見て、自らを省みる。怠惰で自堕落な生き方は止めるがいい、と怒鳴られたような気もした。

私はマインドが弱い。常に、甘ちゃんなマインドが自分を支配する。少年を見て、自分が恥ずかしいと素直に思った。

そして教えられた。「人間は努力するのは当たり前だ」と。

ミャンマーの片田舎の5歳前後の子供たちが勉強する学校を訪ねた時は、土間に丸いテーブルを置いて、幼子たちが学んでいる光景に出会った。

それこそボロボロの校舎。竹で周囲を囲み、ヤシの葉っぱで覆われている。土間にゴザを敷いて真剣に勉強している。1時間以上、子供たちの姿を見学したのだが、こんな小さな子供たちがおしゃべり一切なし。ふざけ回る子供もいない。教師をずっと見つめる。エンピツでノートを取る姿は真剣そのもの。感動してしまった。私の子供の頃と比べると、彼らは遥かに素晴らしい。

教師に「いつもこんなに真剣なのですか?」と聞くと、キョトンとして、「当たり前ではないですか?」と逆に聞かれてしまう。教師のレベルが上がり、国家が豊かになっていけば、この国は素晴らしい人材を輩出していくのではと思える。ミャンマー恐るべし。必ず伸びていくことだろう。

ハンセン病施設への支援を続けて

ミャンマーのハンセン病施設に暮らす人々から、「私たちが生きているのは日本のみなさんのおかげです」との言葉をいただいた。早いもので、この施設を支え続けて14年の歳月が流れた。

初めて訪ねた時には驚いた。多くの方が、餓死寸前の極度な栄養不良状態。運営資金もほとんどなく、お米さえも買えない状況。「こりゃー大変だ!」と食料援助に入った。

数百名の人々に対する食料援助には、莫大な資金がかかる。それでも、「食べて生きていくのが最も大事だ」との判断に迷いはなかった。

ところが半端ではなかった。とにかくお金を集めなければ食料援助の継続はできない。

認定 NPO 法人アジアチャイルドサポートでは、このハンセン病施設の食料援助や施設改善工事などの援助を 10 年以上継続している。私たちの事業は、多くの日本人の無償の愛で支えられている。

「愛さえあれば」などという言葉は絵空事に過ぎない。それほど人の命を預かる責任は重い。マネジメントなくして支援はできない。苦悩の連続だった。

私が施設に入ると多くのみなさんが駆け寄る。両手を握り、「ありがとう」と何度も口にしてくれる。施設責任者が姿勢を正して言ってくれた。

「私たちが、こうして生きているのは、日本のみなさんのおかげです。地獄のドン底にいる時に、手を差し伸べてくれたのは日本の方々。このご恩は決して忘れません。ホントにありがとうございます」

「やり続けてよかった」と涙が溢れる。

〈忘れ去られた日本の偉人　⑦〉

ビルマを救った「ボモージョ」——鈴木敬司

明治30（1897）年〜昭和42（1967）年　静岡県出身

私がミャンマーの赤土の大地が広がる山の中で、ご老人夫婦と会った時のことだ。挨拶を交わし、「日本から来ました」と話すと、突然、ご主人が姿勢を正し、「鈴木大佐を知っているか？」と聞いてきた。

かつてミャンマーはビルマと呼ばれ、イギリスの植民地となり地獄の惨状が続いていた。イギリスに最後に滅ぼされたコンバウン王朝王子が、「いつか必ず『雷帝』となって白馬にまたがり、東の方角からやって来る。そしてイギリスを追い払う」と予言していた。その言葉をビルマの人々は信じていた。

しかし、ビルマのイギリス植民地時代は100年前後（北部と南部の植民地時期の違い）も続き、白人に対し抵抗する意識も消えかけていた。

そこへ実際に、白馬にまたがる雷帝が現れた。それは日本軍人の鈴木敬司陸軍大佐（のち少将）だった。大佐はビルマ解放のためにアウンサン将軍（アウンサンスーチー女史の父親）をはじめとする「30人の同志」を徹底的に訓練し、鍛え上げた人物。そして訓練された若者たちは、「独立義勇軍」となりビルマ解放への道を突き進む。

そして日本軍が入り、たった3カ月でイギリスを追い払う。共に戦ったのはビルマ独立義勇軍だった。

アウンサン将軍の演出もあったようだが、イギリスを放逐し熱狂する民衆の前に、白馬にまたがり純白のビルマ民族衣装で鈴木大佐は現れる。「ボモージョ！　ボモージョ！」と人々は歓喜の声を上げた。ボモージョとは「雷」の「帝」の意味で、今風に言うと、「サンダーキング」だろうか。

鈴木敬司陸軍少将（写真：朝日新聞社）

鈴木大佐、ボモージョのことは子供からお年寄りまでミャンマー人のほとんどが知っている。「鈴木大佐がいたからこそビルマは独立できた」と断言する知識人もいた。日本人として誇りに思う。

3 カンボジア——重税に苦しんだ植民地時代

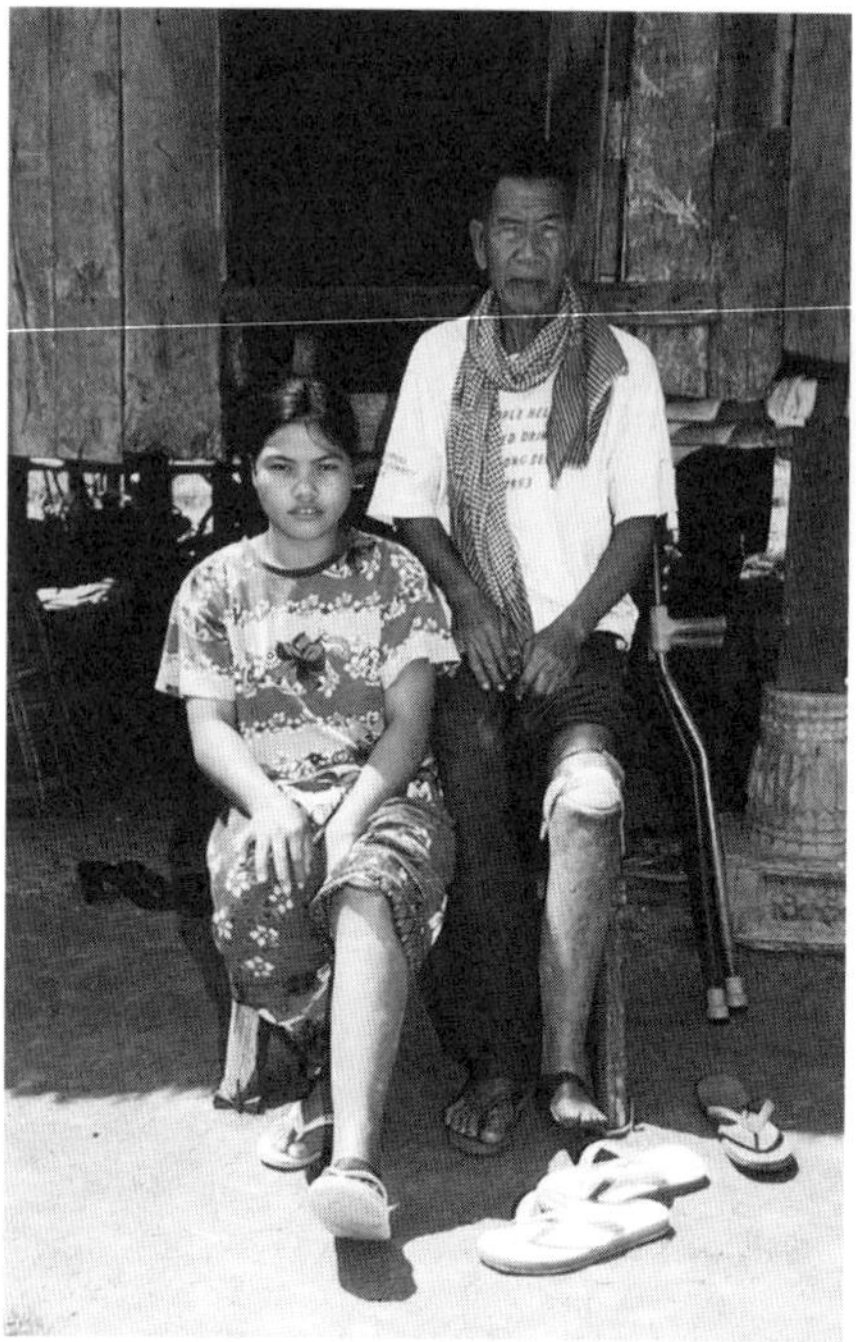

カンボジアは急激な発展で、街はどんどん変わっていく。首都プノンペンはビルがどんどん建つ。私の友人の建築業者も儲かってたまらないようだ。

一方、治安は以前に比べると悪くなっていると感じる。最近も日本人二人が強盗に襲われ、銃で撃たれ、一人は亡くなった。

私は地雷被害の子供たちを応援して20年近くになる。上の写真は孫娘と祖父。孫娘は家畜の世話をしている時に地雷を踏んで左足を失った。おじいちゃんは畑を耕している時に地雷を踏み、左足を失った。言葉を失うばかり。この国に入ると改めて、平和の尊さを感じる。

平和が最も尊いと心底思う。ラオス、ミャンマー、カンボジアなどの紛争地帯を自分の足で廻ってきたからこそ、平和の大切さを身に染みて知っている。日本も隣の大国から侵略を受けている。ノホホンとした時代はもう終わった。さあ、どうする日本人！

日本を愛してくれた故シアヌーク国王

電気も水道もないカンボジアの農家にお邪魔をした時の話。家の中には、故シアヌーク国王と元王妃の写真が飾られていた。その写真を見て、子供の頃、我が家にも昭和天皇と香淳《こうじゅん》皇后の写真が飾られていたことを思い出し、懐かしくなった。

故シアヌーク国王は日本を愛してくれた。日本が戦争に敗れ、昭和天皇が落ち込んでいる時に、王族として最初に駆けつけ、「元気を出してください」と励ましてくれたのが、故シアヌーク国王だった。カンボジアの人々から今も熱愛される王様は、戦争当時に多くの日本兵も助けてくれたという。

現在のシハモニ国王はシアヌーク国王が東京から帰ってきた時に生まれたが故に、愛称は「トウキョウちゃん」と呼ばれる。それほど日本を愛している。

このようなカンボジアと日本の深い絆と友情はずっと続いている。にもかかわらず、日本人は、そのことを知らない。それが不思議でならない。日本がアジアすべての人々から憎まれていると思わされてしまっている。日本がアジアから愛されている事実を知らせてはいけない勢力でもいるのだろうか。

保育園は命を救う

首都プノンペンの北東約70キロに位置する人口約１６５０人の農村メイプリン村。この地域は内戦時代の激戦地でもあり、戦闘や地雷などで手足を失い、義足や義手などを身につけている村人も多い。メイプリン村の人々は貧しく、現金収入はほとんどない。農繁期になると家族総出で働くため、幼児たちの面倒を見るのは難しくなる。

保育園ができるまでは、幼児が亡くなる事故が多かった。農作業中に幼児を木に縛り付けたり、囲いの中に長時間放置された子供が日射病で命を失う事故などが頻発していた。また、女児らが性犯罪被害を受け殺害される事件も起きていた。他にも沼で溺れたり、家畜に潰されるなど、多くの子供たちが死んでいく。村のお母さんたちが集まって、「日本人よ助けてくれ。保育園を造ってくれ」との深刻な懇願を受け、２００７年12月に建設を開始した。

保育園は２００９年に完成し、80名前後の幼児たちを預かるようになる。教師たちは懸命に真面目に頑張る。農繁期における事故死の幼児はいなくなった。

子供たちとの交流を見守る母親たちに、「日本のみなさんに伝えたいことはありませんか？」と

メイプリン村の保育園。

聞いてみると、驚くべきことが起きた。

　日頃はシャイな田舎の女性たちが前に出て話すことはほとんどない。しかし、この時は違った。母親たちが「話をさせてくれ」と壇上に上がった。

「日本のみなさん、ありがとうございます。本当に助かっています」

「米の収穫期には子供を放っておくしかなかった」

「幼稚園ができて安心して働けるようになった」

　と心からの感謝の言葉が続く。シャイな村の女性たちを知っているだけに驚き、そして感謝の深さを感じた。

フランスを追い出した日本を恨むおばあちゃん

カンボジアでの私たちの主な役割は、私どもが運営管理する保育園の施設充実や教師との打ち合わせ、子供たち、父母との面談が主だったのだが、もう一つ大きな仕事があった。

それは、フランス植民地時代のカンボジア、日本軍の進出と統治時代の真実の姿を調べることだった。

当時を知る方々はもう80代となる。今、真実の証言を得なければとの使命感は強い。愛用のニコンのカメラとソニーのビデオカメラを手に、戦争を経験された大先輩方を訪ね歩く。

40代後半の男が語ってくれた。

「俺の親父がよく言っていたよ。日本がフランスを追い出してくれたって」

植民地時代の、カンボジア人に対するフランスの圧政は酷かったが、「俺たちと同じアジア人が白人を追っ払う姿にビックリした」と言う。

取材を終え、帰り際に男が語るさりげない言葉に私は泣いてしまった。「日本兵は美しかった」と父君は言っていたそうである。身体は小さいが勇気溢れ、紳士であった、と両手を合わせて語ったそうだ。

植民地時代にフランス側についていた91歳のおばあちゃんとも話すことができた。貴重な証言が取れた。

91歳のおばあちゃん。別れ際に孫が、「おばあちゃんは日本を嫌いなんだ」と言った。

白人は、植民地ではチャイニーズ系や少数民族を使い、現地の人々を管理、支配した。フランス人が直接支配しようとすると、憎しみを買う。故にチャイニーズなどを使い、主なる民族を支配するのだ。これは植民地政策の常套手段である。

　おばあちゃんはフランス側についた家族だった。旦那さんは高級軍人だったが、ポル・ポト時代に即座に粛清されたそうだ。

「植民地時代はどうでしたか？」

と聞くと、おばあちゃんは懐かしそうに語った。

「役所や軍などの上層部や、主立った役職はフランス人ばかり。私たちはフランス人の命令で動いていた。貧しかったが、それでも幸せだった」

「フランスを追い出した日本を恨んでいますか？」とストレートに質問してみた。

「そうなの！　日本兵がやって来てフランス人を追い出した。みんな破壊されてしまった」

植民地時代のクメール人（カンボジアの中心的民族）の苦しみを彼女は知らなかったようだ。立場、教育によって考え方や物の見方は違う。

「ヤシの木、鍋にも税金をかけられた」

電気も水道もない田舎に暮らす89歳の老人に会いに行った。いろいろなことを知っていると地元の人々から尊敬される翁だった。

「フランス時代を教えてください」とお願いすると、とたんに表情が曇った。最初に出てきた言葉は、「そりゃー、酷いもんじゃった」と怒りをあらわにした。

「土地も家も取り上げられた。家畜、ヤシの木、鍋と何でもかんでも税金をかけやがった」と当時の重税と圧政を語る。人々は貧しく、とにかく生きるだけで精一杯。

「俺たちは、どんなに働いても豊かにはなれなかった。朝から晩まで畑にいても、飯を食うことさえままならなかった。あいつらはふんぞり返り、豊かに暮らす。実に腹立たしい」

フランス時代の圧政はラオスやベトナムでも聞いた。とにかく凄まじいばかりの重税だったという。その悪税を払えぬ国民は処刑された。呆れるばかりだ。

フランスの白き人々は重税をかけて搾取、略奪を行っていた。植民地にされるということは、現地の人間は奴隷、家畜となり、徹底して搾取されるということだ。わが国がパラオ、台湾などで行った統治とはまったく異なる。

「私が日本人だからと遠慮しないでください。日本人がカンボジア人に対して酷いことをしたのなら、そのまま教えてください」

　と、その翁に頼むと、翁はわずかに声を荒らげた。

「お前は何を言ってるんだ。何で俺がお前に遠慮する必要があるのか。そのままのことを言っているだけだ」

　カンボジアは一時、日本軍が進駐していた。その時どうだったかを私は知りたい、と言うと、翁は穏やかな声で話してくれた。

日本兵のことを話してくれた89歳のおじいちゃん。

「この村の近くにも多くの日本兵がやって来て道路工事などをやっていた。日本兵は素晴らしかった。とにかくキビキビとして軍律厳しく、礼儀正しかった。女たちに悪さをすることは一切なかった。俺たちをいじめることはまったくなかったよ。日本がフランスを追い出してくれたんだ」

　翁は私に逆に、こんな質問をした。

「日本の領土はどこからどこじゃ。海はどこまでがお前の国なんじゃ」

私が、「陸はこうで海はこの辺までです」と適当な返事と説明をすると、「お前は馬鹿か！」と怒鳴られた。

「自分の国の領土も知らないのか。自分の国の海も言えないのか」

「隣の国はどこじゃ」と次の質問。

「チャイナ、台湾、北朝鮮、韓国、ロシアで太平洋を越えてアメリカ」と返答。

「どうじゃ、ちゃんと守っているのか？」と聞く。

翁はこれほどまでに自国の領土・領海にこだわり、防衛意識も高かった。

ご老人との会話に大きな気付きがあった。私が調査を行った国々では、自分の国の領土・領海は徹底して教えているということだ。

一方、ほとんどの日本人は自国の大まかな領土の形は分かるだろう。北方四島、竹島、尖閣諸島なども一応は知っている。しかし、最南端、最北端、最東端、最西端は答えることができないのだ。ほとんどの日本人は自国の領土・領海を知らないのだ。

だから、日本人は「日本が小さな国」だと思っている。それは違う。領土・領海に排他的経済水域も含めると、その広さは、「世界で6番目に大きな国」になる。チャイナよりも大きな国なのだ。あらためて、じっくりと自分の国の領土・領海を見つめてみよう。

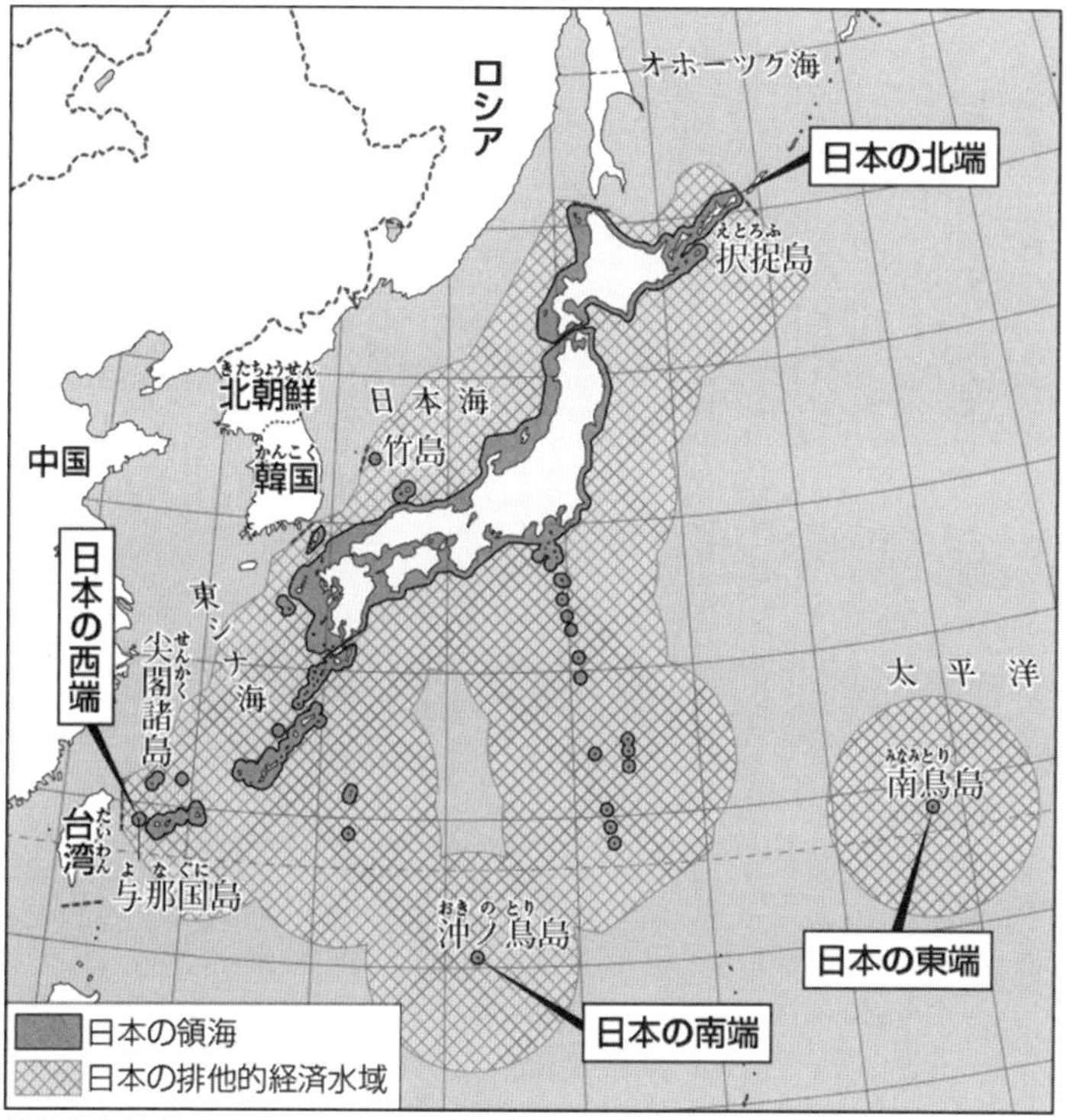

排他的経済水域も含めると、日本は世界第６位の面積を持つ超大国になる。

4 パラオ――「初めて教育を与えてくれたのは日本です」

第二次世界大戦終結後、アメリカは統治下の太平洋諸島信託統治領において、教育や福祉関係には援助を行うが、産業開発、自立育成開発にはほとんど投資を行わない、「檻に囲い餌を与える動物園政策（補助金漬けで自立させずアメリカへの属国となる政策）」を取った。

パラオももちろん、その支配下に入る。1945年の日本敗戦後、1994年10月1日に独立するまで、パラオは約50年間、アメリカの統治下におかれた。

浸透していた日本文化は徹底的に破壊され、日本時代に建てられた神社や学校などは潰された。特に、二宮尊徳像が引きずり倒された時には、人々は泣いたという。建築物の破壊だけではなかった。「日本は残虐」「日本は悪魔」「日本はパラオ人を虐殺した」と、長期にわたり「日本の悪」が学校教育で教えられた。

アメリカによる「補助金漬け」政策

パラオの人々はアメリカの「動物園政策（ズー・セオリー）」によって補助金漬けにされ、人々の勤労意欲とチャレンジ精神は弱体化してしまっていると感じた。

英語教育によりイングリッシュはペラペラとなり、高等教育も受けることができるようになった半面、経済はアメリカからの援助に依存。

アメリカの動物園政策は、この国で見事に結実していると言っていいだろう。パラオの変化は悲しいほど。国民の８割はキリスト教徒となり、労働人口の約35％が公務員。役人以外にまともな仕事はほとんどない。観光産業で働くのもフィリピンなどの外国人が多い。

パラオに来て驚くのは肥満体の国民が多いこと。パラオの人々の肥満度は異常に高い。男も女も脂肪を揺らして歩いている。以前のパラオ人は決して肥満体ではない。昔の写真や絵を見ると、女性はグラマラスで腰はキュッと引き締まっている。男性も筋骨隆々で逞《たくま》しく、余計な脂肪は付いていない。

しかし、占領下で食料はアメリカからの輸入に頼り、食生活もガラリと変わった。アメリカナイズされた高タンパク、高カロリーの食生活が定着し、伝統的な魚介類を中心とした食事は壊滅していった。肉体労働や農業を嫌がるようになり、人参、タマネギ、ジャガイモなどの自給可能な野菜、根菜類を自力で育てることもなくなった。

高カロリー、高脂肪の食生活はパラオ人の体形だけではなく、意識までも変えてしまった。スラリとした男性や細身の女性はモテないという。デブでたっぷりと脂がのった男女が異性から好かれるそうだ。

優秀な若者たちはグアム、アメリカの大学へと留学し、卒業してもパラオに戻ることなく、異国の地で暮らす。市民権を得るためにアメリカ軍へと志願し、入隊する青年たちも増えてきた。アフガンの最前線に送られ、命を落としたパラオの若者も出てきた。

「最近の若者たちはアメリカナイズされて、自分のことだけを考えるのが多くなった。日本精神を忘れてしまった」と語る老人も多いという。

人心の荒れはヒシヒシと感じる。日本時代の「公」を思いやる心は薄れ、個人主義へと変化。治安も悪化の一途。日頃、大人しいパラオの男たちも、アルコールが入ると荒々しくなる。凶暴な犯罪も増加し、日本人が殺害される事件も起きている。ペイデー（給料日）の週末の夜は特に注意されたし。

パラオの老人たちが口々に、「日本時代は良かった。家に鍵をかけることなく暮らしていた。犯罪も自殺もなかった」と悲しげに話す。

深く考えさせられた。祖国、日本もどこか似ている。

「経済だけ頑張ればいい。自国防衛など、考える必要はない」とアメリカにしてやられた日本。自国防衛を放棄し、アメリカに頼れば大丈夫と考える日本人。

戦後70年、アメリカの囲い者となる生き方を選んできた日本も、「アメリカに飼い馴らされた動物」だと私は思う。未来の子供たちのためにも、「自分の国は自分で守る」国家になる覚悟を持つ時期に来ている。

南の島で花札遊びに出合う

パラオの人々が、「日本を愛している」の出来事を痛烈に感じたのが老人センターでの出来事だった。普通の人々も日本人と話したがるのだが、先輩方の思いはさらに深い。デイケアセンターを訪問した際、事前に連絡や許可をもらうことのない突然の訪問にもかかわらず、私たちを迎えてくれた。

日本の歌が聞こえる。懐メロ、童謡、唱歌、軍歌を唄う「異国の先輩方」がいた。多くの先輩方が、「日本人が来た」と大歓迎。日本を愛してくれているのをヒシヒシと感じる。数十名のおじいちゃん、おばあちゃんが日本の歌を披露し、喜びを表現。

先輩たちが、

「私の日本名は花子よ。お父さんは次郎というんだ」

「私の夫は日本人とのハーフだよ」

と話しかけてくる。天皇陛下のことを誇らしげに語る方もいる。みんな「日本が大好

パラオのおじいちゃん、おばあちゃんが花札で遊んでいた。

き」と伝えてくれた。

驚いたのは、先輩方が花札を楽しんでいる光景を見た時だ。

花札は日本の伝統的カード遊びだ。札には四季折々の花々が書き込まれ、「四光」「猪鹿蝶」「松桐坊主」「七短」「鉄砲」「花見で一杯」「月見で一杯」などの「役」があり、点数を競うゲーム。

子供の頃に花札が大好きだった親父に付き合わされ、この遊びをやっていた。今でも「役」の名前をすべて言える。最後に花札をやったのは、いつだったのかも思い出せない。恐らく45年以上前のことだろう。

日本では花札遊びを行う姿を見ることはほとんどなくなってしまった。若者たちはトランプは知っているが、花札を知る者は皆無の状況。それがパラオで遊ばれているとは！　日本統治時代に南洋諸島に伝えられたのであろう。アメリカ統治が長かった南の小国で、お年寄りたちはトランプではなく花札を楽しんでいた。

「差別はあった。それでも日本に感謝している」

日本統治時代をよく知るアントニオさんは、84歳の高齢にもかかわらず頭脳明晰で、私に日本統治時代がいかに素晴らしかったかを教えてくれた。

「日本時代が一番、美しかった。日本はパラオに道路、電気、水道を引いてくれた。町は整備され、道路もゴミ一つ落ちていなかった。病院も工場も造ってくれた。職業訓練もしてくれた。人々

日本統治下のパラオについて語ってくれたアントニオさん。「海ゆかば」「君が代」も唄ってくれた。

の心も美しく、パラオ人も日本人も力を合わせて暮らしていた。何よりも私たちに教育を与えてくれたのは、涙が出るほど嬉しかった。人間としての尊厳を教えてくれたのは日本です」

続けて大先輩は、「日本人のパラオ人に対する差別はありましたよ」と少し悲しげに語った。

「それでもパラオ人を大事にする日本人も大勢いました。特に学校の先生方は立派でした。みんな真剣に教えてくれた」

教師は厳格ながらも高潔なる人格を持ち、兵隊さんも立派な方が多かったと懐かしげに話してくれた。

「パラオ人に初めて教育を与えてくれたのは日本です。本当に嬉しかった。文字が書ける。本が読める。未来が広がっていくような気がした。自分たちもできる、と大きな希望が湧いてきた」

パラオの子供たちが中学へ進学するのは難しかった。このおばあちゃんは成績も優秀で、もっと上の学校に行きたかったが、できなかった。それでも心から感謝しているという。

「日本人から私たちパラオ人は大切なことを教わりました。それは〝責任〟です」

日本人は真面目で誠実、大人は懸命に働き、子供は真剣に学ぶ。その姿からパラオの人々は大切なものを学んだという。親として、子供としての責任、仕事に対する責任、人間としての責任など、さまざまな責任を教えてくれた。与えられた立場や状況で、一人ひとりがしっかりと責任を果たすのが大事だと。

ふと我を見つめる。「俺は、この方がおっしゃるような立派な日本人なのか？」と自分自身が恥ずかしくもあった。

海ゆかば水漬《みづ》く屍《かばね》　山行かば草生《む》す屍　大君《おおきみ》の辺《へ》にこそ死なめ　かへりみはせじ

アントニオさんは、一字一句間違うことなく粛々と唄う。

7世紀後半～8世紀後半に編纂された日本最古の和歌集である『万葉集』に収められている大伴《おおともの》家持《やかもち》の長歌からできた「海ゆかば」。まさか異国の女性から聞くとは思わなかった。その歌声は心に染み込み、同行した5名の日本人たちの目からは自然に涙が流れていた。

彼女との別れ際に、突然、「君が代」を美しい声で唄ってくれた。

君が代は　千代に八千代に　さざれ石の　いわおとなりて　こけのむすまで

自分自身が恥ずかしかった。これほどまでに日本を愛するパラオ人を見て、「私は祖国をどれだけ愛しているのか？」「日本人として誇りを持って生きているのか？」と自らを改めて見つめていた。

日本とパラオの歴史、日本人とパラオ人の深い絆を、日本の教科書に載せることができればと切に願う。

日本人もアメリカ人も集う戦争博物館

日本からやって来た若者たちが涙する。パラオと日本の歴史を知らずして過ごした自らの人生を恥じるのもいた。「こんなにまでも私たちを愛してくれているのに、自分はパラオのことをまったく知らなかった」と泣いた。

人は誰しも平和を望む。日本国民のほぼ全員が、戦争のない世界を心から願っているだろう。いかに平和が尊いかを知らせてくれるシーンがペリリュー島の日本軍倉庫跡を改造した戦争博物館で見ることができた。

かつて地獄のような壮絶な戦いを行った日本人とアメリカ人が、共に展示物をジッと見ている。

互いに殺し合い憎しみ合った両国民の子孫たちが、展示された戦いの写真を見つめ、使用された武器、弾薬に触れる。そこには怨念や復讐心は感じない。

これまで戦場の悲しみや戦で傷ついた人々の悲惨さをいっぱい見てきた。戦後の残留物（不発弾や地雷）で手足をもぎ取られた人々の深い苦しみにも数多く出合った。「平和こそ尊い。決して戦争を起こしてはいけない」と改めて思う。

天皇皇后両陛下ご訪問

平成27年4月、天皇皇后両陛下は戦没者慰霊のためパラオを訪問された。

それにしても両陛下の優しさには感謝の思いが溢れる。通常、両陛下の海外ご訪問は、相手国の招聘《しょうへい》を受けて国際親善などを目的に行われる。

ペリリュー島にある戦争博物館。建物は当時の日本軍武器弾薬庫をそのまま使用。日米両国の資料、武器、遺留品などが展示されている。

だから、戦後60年の平成17（２００５）年に戦没者慰霊のためだけに激戦地サイパンを訪れたのは前例のないことだった。両陛下は常に、海外で命を落とした戦没者への慰霊のお気持ちを持ち続けておられる。

サイパンを訪問された時、パラオなども訪ねたいとの天皇陛下の強い希望もあったのだが、移動手段や警備上の問題など、受け入れ態勢が整わないなどの理由で見送られてしまった。パラオの人々はガックリと肩を落としたという。

天皇陛下の太平洋諸島で亡くなった方々への思いは強く、「何とかパラオなどでの戦没者のみなさんの慰霊を行いたい」と願い続けた。

パラオは大の親日国。人々は、天皇皇后両陛下が訪問されるのを心から願っていた。かつてパラオは日本だったのだ。日本とパラオは深い絆で結ばれている。

私が、前年の６月にパラオのコミュニティーセンターを訪ねた時に、「もしかしたら天皇陛下がいらっしゃるかもしれません」と話すと、みなさんは目をキラキラと輝かせ、

「本当ですか？　嬉しい！　ぜひパラオに来てほしい。天皇陛下のパラオ訪問は私たちの夢です」

と口々に語る。その夢が実現し、どれほどパラオのおじいちゃん、おばあちゃんが喜んだであろうかと、嬉しき想像が胸をかける。

84歳のおばあちゃんは、「エッ！」と驚き、満面の笑みで、「天皇陛下が来てくださる。本当ですか？」と何度も聞いてきた。

「私は日本の教育を受けました。日本人は素晴らしかった。特に教師のみなさんは愛情豊かで立派な方が多かった。自分の心は日本がイッパイです。今でも日本人の心を持っている」

パラオ国際空港に到着し、地元の子供たちの出迎えに手を振って応えられる天皇皇后両陛下。（平成 27 年 4 月 8 日、写真：時事通信フォト）

と日本統治時代を懐かしそうに語った。

「天皇陛下を心から尊敬しています。両陛下がいらっしゃるならば全力でお迎えいたします」

真顔で話すその表情は少女のようだった。

日米の激戦地で多くの日本兵が祖国を守るために命を捧げた。天皇皇后両陛下のご訪問が英霊に対する最大の供養となったのは間違いない。

天皇皇后両陛下はコロール島から船で南へ1時間ほどの激戦地ペリリュー島で、亡くなった日本兵やすべての戦没者に対して慰霊された。そのペリリュー州においては4月9日を、「天皇皇后両陛下ご訪問の日」として州の祝日として法律で定めた。

「ワアー！　これほど日本を愛してくれるんだ」と嬉しかった。

みなさんにパラオの人々が、日本を深く愛しているのを知っていただきたいと願います。私たち日本人は、わが国を嫌っている国家に対しての気遣いや恐れがあまりにも大きすぎる。

日本を愛するアジアの国々や南洋諸島国家のことを知ってほしい。私は国民に、「日本は愛されてますよ」と自信を持って伝えたい。

英霊の思いを無駄にしてはいけない

すべての日本国民にパラオに行ってほしい。特に日米激戦地のペリリュー島を訪れていただきたいと強く願う。

日本兵は、職業軍人はほとんどいなかった。サラリーマン、農家の倅《せがれ》、教師もいれば、役所に勤める普通の男たちもいた。米軍の最新式の武器や圧倒的な兵力と物量に対し、おもちゃのような銃や戦車で弾も食料も水もない。それでも戦い続け、玉砕した。生き残った者はほとんどいない。

現在の平和で豊かな日本からの視点では見えてこないだろう。当時の世界は、強い国が弱い国を侵略し、植民地とするのが当たり前の時代。負けた国の国民は、勝った国の奴隷となる。だからこそ日本軍は戦い続けた。「日本の未来と誇り」をかけて死んでいったと私は思う。

初めてペリリュー島を訪れ、日本兵が強烈な飢えと渇きに耐え、貧弱な銃を手に立てこもった洞穴に入った時、「こんなところで死んでいったのか」と自分は泣いていた。感謝の思いのみが溢れた。「英霊の思いを無駄にしてはいけない。決して無様な生き方をしてはいけない」と心に誓った。

第4章　日本が嫌いな日本人へ贈る「日本の愛し方」

1 国旗・国歌が嫌いな日本人

「白地に赤く日の丸染めて、ああ美しや日本の旗は」と子供の頃は大声で、唱歌「日の丸の旗」をいつも唄っていた。日本の国旗が世界で一番、素晴らしくて美しいと子供心に誇らしかった。そして、その思いは今も続く。日の丸は美しい国旗である。

国民が自国の国旗を、これほどないがしろにするのは日本だけではなかろうかと、異国を数多く見てきただけに懸念と不安を持っている。

国旗国歌法の規定によると、わが国の国旗は正式には「日章旗」という。一般的には「日の丸」と呼ばれている。

旗のサイズは縦が横の3分の2の長方形、日章（日の丸）の直径は縦の5分の3で旗の中心に置く。色は白地に「紅」い丸。みなさん！唱歌では「白地に赤く」と唄いますが、日の丸の色は「赤」ではなく「紅」なんです。「紅白」はわが国の伝統色でめでたい色とされている。「白」は神聖と純潔を意味し「紅」は博愛、活力を意味する。

日の丸が消えた日

日章旗には古い歴史がある。国旗として使用されたのは嘉永７（１８５４）年に日本船の目印として採用され、平成11（１９９９）年に国旗国歌法によって定められた。意外にも正式に日章旗が国旗として定められた歴史は浅い。

ところがわが国は遥か昔から「日の丸」を大事にしてきた。１３００年以上前の７０１年、文武天皇の朝賀《ちょうが》（新年の天皇陛下へのご挨拶）の式典において使われたのが最初だといわれる。戦国時代（１５００年代）には武田信玄、上杉謙信、織田信長などの武将たちが旗印として使い、豊臣秀吉も朝鮮出兵の時には「日の丸」を船に掲げている。

そして近世に入り、薩摩の島津斉彬《なりあきら》が「日の丸がわが国を代表する旗」と幕府に進言。嘉永７年に「異国船に紛れざるよう日本総船印は白地に日の丸幟《のぼり》」を掲げるようにとの布告が幕府から出される。

わが国の「日の丸」は１０００年以上も前から国民に愛されてきた。このような素晴らしい歴史を持つ国旗は世界に存在しないだろう。

わが国の日の丸は海外でも人気が高い。「日本の国旗を知っていますか？」と異国の方に聞いてもよく分かっているのが非常に嬉しい。考えてみるとアメリカの星条旗やイギリスのユニオンジャックは分かるが、イタリア、フランス、オランダなどの欧州の国旗は縦線か横線三本で色を変えたものが多く、私にはさっぱり分からない。

日章旗のあまりの素晴らしさにフランス政府はすっかり惚れ込んでしまい、「何とか日の丸を売ってくれ」と明治政府に持ちかけてきたという逸話もある。明治3（1870）年、フランスはわが国に対して当時のお金で500万円（現在の価値でいえば200億円程度と思われる）で買いたいと打診してきた。

その時代の日本は財政難で苦しんでいたが、決して日の丸を手放さなかった。毅然と、「Non」（フランス語のノー）と答えた。

「あーよかった」と心底思う。やはり日本には日の丸です。世界で最も美しい国旗である日章旗しかない。

しかし、戦後、戦争に敗れた日本に対してGHQは、日本国民にアメリカの星条旗に畏敬の念を持って敬礼することを命じ、日の丸を掲げることを禁止した。祝日にだけ特定行政機関の日の丸掲揚を許したが、それ以外は完全に禁止。教科書の挿絵に日章旗があると削除対象。文房具に日の丸のデザインが

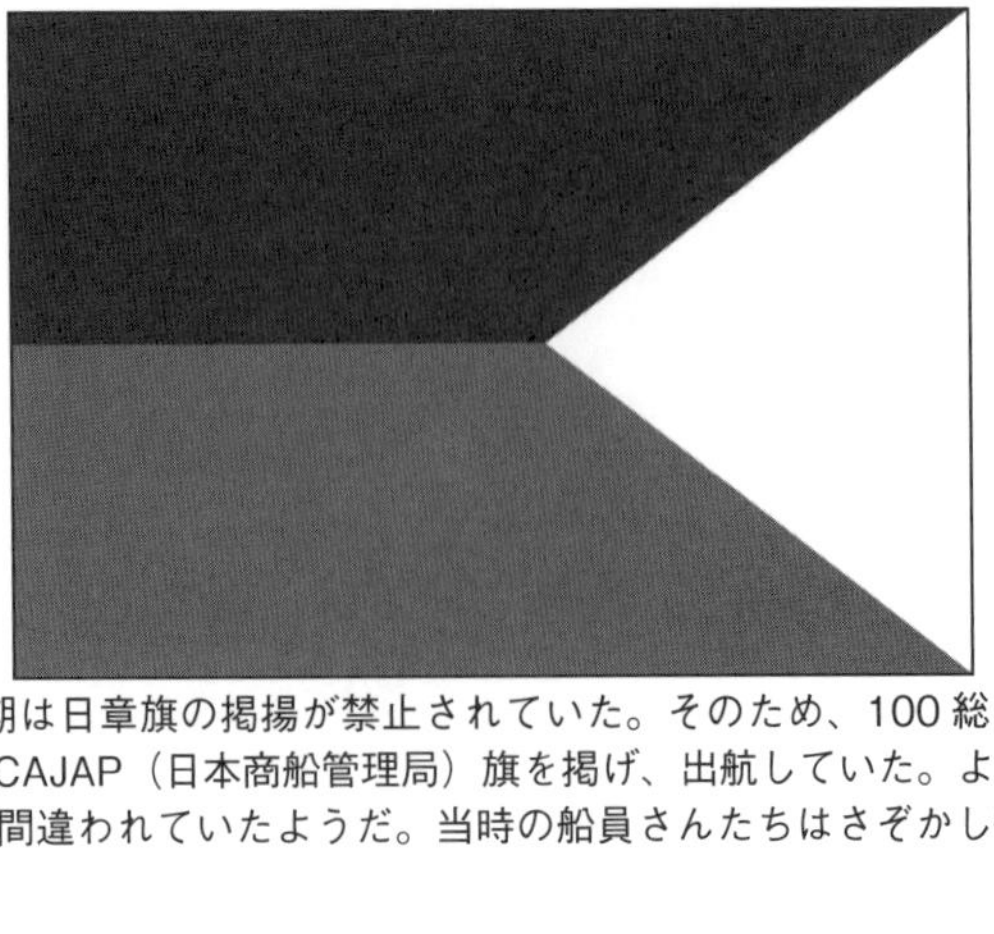

GHQ 占領期は日章旗の掲揚が禁止されていた。そのため、100 総トン以上の日本船は SCAJAP（日本商船管理局）旗を掲げ、出航していた。よくフィリピンの国旗と間違われていたようだ。当時の船員さんたちはさぞかし悔しかったであろう。

あるだけで没収。日本人のプライドをズタズタに引き裂く、実に悪質で陰湿な占領政策です。

当時の日本人は、どう思っていたのだろうか。ＧＨＱのＷＧＩＰ（ウォー・ギルト・インフォメーション・プログラム）によって誇りを奪い去られた一部の日本人は、日の丸を拒絶したであろうが、心から日の丸を敬愛していた国民も多かったと思う。そんな人々は、どんな思いだったのかと胸が痛む。

昭和24年の正月に「国旗の無制限掲揚許可」に対する総司令部覚書によって、やっと日本国民は日の丸を取り戻した。

国旗に敬意を払わない日本人

国旗は国を代表するシンボル。掲揚するには厳しいルール（国際儀礼＝プロトコール）がある。世界はガッチリと守るも、残念ながらわが国においては恥ずかしい限りの状況である。

私が思わず赤面するのは、一部の企業や団体の情けない国旗掲揚の仕方。入り口に立派な掲揚ポールがあるのは素晴らしいのだが、その掲げ方は恥ずかしくなる。

もし国旗と団体旗を並べて掲揚する場合は、「国旗は団体旗よりも大きく」「団体旗よりも高く」揚げなければならない。３本のポールだと、「国旗は真ん中」に、２本は、「国旗は向かって右側」に揚げる。

さまざまな国旗掲揚の決まりごとがある。日の丸を揚げることなく外国の国旗のみを揚げてはいけない。どこかの放送局がボロボロで汚れた日の丸を掲揚していたが、あれは笑いものになる。国家を象徴する国旗は、常に綺麗な状態は当たり前。地面につけてもならぬ。雨天はならぬ。掲揚する時間は、「日の出~日没」「始業時~終業時」と決められている。

世界は自国の国旗を非常に大切にし、尊ぶ。いつの間にか私たち日本人は、国旗に対して敬意を持たなくなってしまった。もっと日の丸を大事にしたい。

私は東京の下町に暮らしているのだが、残念ながら我が家の周りで日の丸を掲揚している家は皆無。「沖縄よりも酷いじゃないか」と思わず唸る。

日本の首都、東京がこのザマかとの思いで散歩をしていると、玄関脇に日の丸を掲揚している家に出合う。非常に嬉しかった。

かつては住宅の必需品だった国旗立てが取り付けられ、そこにポールを差し込み、日の丸を掲揚。チョット前までは多くの家の玄関脇や門には、この国旗立てが取り付けられていた。

国旗立ては安いもので1500円程度、アルミ製の高いものでも3000円ぐらい。できれば多くの家庭で日の丸を掲揚してほしい。わが国の自信と誇りを取り戻すのは、そこから始まると私は考えている。自国の国旗に誇りを持つのは当たり前のこと。イデオロギーではない。

自信と誇りを持って旭日旗を掲げよ

現在の日本人はわが国の国旗である日章旗と、太陽から光線が輝く「旭日旗《きょくじつき》」の違いが分からない人が多い。

結論から言うと、旭日旗は軍隊の旗である。明治３（１８７０）年に大日本帝国陸軍の軍旗として制定され、明治22年には海軍においても「軍艦旗」として採用される。

旭日旗のデザインもさまざまで、光線の数が４条、８条、12条、24条などのものがあるが、それらすべてを統一して旭日旗と称す。太陽から出る光線が四方八方に広がるのは「ハレ」を表現、そして、日本伝統色の紅白が用いられ、「めでたい」「景気が良い」なども表す。古来、縁起物としてこの図柄は使われていた。

日本の敗戦から９年が過ぎ、自衛隊の発足に伴い、旭日旗は陸上自衛隊の自衛隊旗、海上自衛隊の自衛艦旗として引き継がれ、現在に至る。

実は戦後、自衛艦の旗をどうするかが問題となった。それで、当時、著名な米内穂豊《よないすいほう》画伯に旭光をモチーフにした新しい旗の制作を依頼した。

しばらくして米内画伯が提出したのは、帝国海軍の旭日旗とまったく同じ図柄だった。

「旧海軍軍艦旗の図柄は黄金分割の形状、日章の大きさ、位置、光線の配合など実に素晴らしいもので他の図柄は考えようがありません。それで、旧軍艦旗そのままの寸法で描き上げました。これでお気に召さなければご辞退いたします。ご迷惑をかけて済みませんが、画家の良心が許しませんので」と画伯は申し出た。

その後、以前とそっくりな軍艦旗にさまざまな議論が重ねられたが、最終的な判断は当時の吉田茂首相にゆだねられる。

総理は、「世界中で、この旗を知らない国はない。どこの海にあっても日本の艦であることが一

戦艦「三笠」の旭日旗

目瞭然で誠に結構だ。旧海軍の伝統を受け継いで、海国日本の守りをしっかりやってもらいたい」と決定した。

旭日旗こそ自衛艦に掲げる艦旗にふさわしいと私も思う。太陽を愛し敬う日本人にピッタリの旗だ。昇る朝日を描いた旗を、これからも堂々と掲げてほしい。

どこぞの国が、旭日旗に対してナンヤカンヤといわれなき暴言を撒き散らしている。これに対しては毅然として立ち向かい抗議をするのが当然だと思うのだが、ナゼかしら政府は及び腰。日本人もナゼかしら旭日旗は軍国主義の象徴だと後ろめたい思いを持つようになってしまった。自信と誇りがまた一つ奪われようとしている。

私は反韓、嫌韓の感情は、まったくと言っていいほど持っていない。逆に在日の方々に友や尊敬する人物も多い。

ところが近年の旭日旗騒動に対しては怒りを感じている。２０１３年には韓国のスポーツ競技場などで旭日旗を掲げると刑罰の対象となる法案も国会に提出されたらしい。軍国主義の象徴で傷つくからだという。何という理由だろうか。あり得ない。昔から日本で使われる美しいデザインの旭日旗は、海上自衛隊のシンボルであり、大漁を祝う漁船の旗でもある。

日本の知識人といわれる方やマスコミの中には、相手を傷つけるから自粛すべきだとコメントする論調もある。私は毅然として反論すべきだと考えている。「自信と誇りを持って旭日旗を掲げよ」と言いたい。このままだと「日の丸は傷つくから揚げるな」と日本の国旗さえも否定されかねない。

嫌韓、反韓のヘイトスピーチやデモには嫌悪感を感じている。だが、旭日旗問題は「いい加減にしてくれ」と言いたい。

８割の日本人が建国の日を知らない

２月11日は紀元節（建国記念の日とも）で、我が家は夜明けとともに日の丸を掲揚。ポストに入る新聞を読むと「やっぱりな」との記事が掲載されていた。

その記事は日本青年会議所の若者たちが行った「日本が建国された日を知っている？」という世論調査結果だった。「自国の建国された日」を知る日本人は２割未満。異常な低さ。それに比べると国内在住のチャイニーズは１００％、アメリカ人、カナダ人は90％をはるかに超える。特に気になるのが25歳から39歳までの日本人の約85％は、２月11日が何の日かを知らないこと。残念でたまらない。

救われる思いの結果もあった。「日本という国を誇りに思うか？」の問いかけには73％が「思う」だった。「自国の成り立ちを学ぶ『国史教育』の充実は必要か？」との問いには約7割が必要と答え、約6割は「建国を祝う行事を開催した方がいい」と回答した。

自国の神話も知らず、自国の建国も知らない現在の日本人は世界でも異常だと思っていい。私自身の経験で言うと、どこの国に行っても、人々は自国の歴史や神話を誇らしく語る。わが国は世界に誇るべき悠久の歴史を持つ。日本人が建国の歴史や神話を知ると、さらに誇り高き民族になるであろうと私は思う。

また、11月23日は「新嘗祭《にいなめさい》」。戦後、勤労感謝の日と名称を変えられてしまったが、天皇陛下が五穀の収穫に対し感謝する祭祀が行われる重要な一日。日本国民にとっても、食に感謝する大切な祝日である。

みなさんは日の丸を自宅や会社に掲揚しますか？　わが国は不思議なことに、国旗を掲揚すると「右翼」だと言われてしまう。

異国では、自国の国旗をものすごく大事にする。日本は不思議だと思いませんか？　なぜ、右翼と言われるのを懸念して揚げないのだろうか。軍国主義者だと批判する方もいる。「なぜ国旗を揚げると軍国主義なのか」とご意見を聞きたい。日本人なら日の丸を愛し、誇りに思うのは当然だと私は思う。

日本人の誇りと自信を取り戻す第一歩、誰でもできる行動の始まりは、国旗掲揚ではと考える。いろいろな考え方を批判するつもりはない。純粋に素直に私は思う。日の丸は美しい国旗だと。

あなたは国歌を唄えますか？

日本から遠く南へ３２００キロ離れた人口わずか2万余のパラオで、「君が代」が唄い継がれていた。

わが国の国歌は「君が代」である。ところが、これに反対する日本人が一部いらっしゃる。その理由が、天皇陛下を讃える歌だからという。唖然呆然で呆れてしまうというのが私の思い。

我が故郷の沖縄県では、残念ながら40代から下の世代はほとんどの人々が「君が代」を唄えない。国歌という概念もないかもしれない。他府県においても国歌を唄えない人々は少なくない。地域差はあるにせよ学校教育において、あえて「君が代」を教えない状況があるようだ。もちろん国歌を大事にする学校も多いが。

野球少年憧れの甲子園大会では地域の差がハッキリと表れる。各県代表の男子高校生たちが大声で歌う列と、口をまったく開かない列とに分かれる。

教育現場で自国の国歌を徹底して教えないのは世界中で日本だけかもしれない。私は「君が代」を心から愛している。どんな場所であろうとも、国歌斉唱時は誇りを持って大声で唄う。あなたは「君が代」を唄えますか？　もしかして知ってはいても人前では唄わないのではないですか？

「君が代」の歌詞は、今から１１００年以上前に編纂された『古今和歌集』の短歌のひとつで、祝いの席やめでたいときに唄われる「賀歌《がのうた》」として古くから日本人に愛されてきた。明治に入り、国歌が必要とのイギリス公使館の軍楽隊長フェントンの進言を受け、大山巌《いわお》陸軍元帥が庶民に長く愛されているこの歌を選ぶ。

「君」とは何かについては諸説ある。日本神話のイザナキ（男神）の「キ」とイザナミ（女神）の「ミ」から来た愛の歌とも。尊敬する人、愛する人との解釈も多い。天皇陛下を讃えるというが、日本国の象徴としてのお立場から見させていただくと「日本国民一人ひとり」ともいえる。いずれにしろ愛する人の平和と長寿を願う「君が代」は、国歌として最もふさわしいと私は思う。

１９０３年にドイツで行われた「世界国歌コンクール」では一等賞を受賞。昭和49（１９７４）年に政府が行った世論調査では、「君が代は国歌にふさわしい」と答えた日本人がほとんど。反対は1割にも満たなかった。長きにわたり日本人に愛されている歌です。

みなさんはカラヤンという指揮者を知っているでしょうか。ベルリン・フィルハーモニー管弦楽団の終身指揮者だったオーストリア出身の20世紀クラシック音楽業界最大のスター、ヘルベルト・フォン・カラヤン。クラシック音楽をまったく知らない日本人でも彼の名前は聞いたことがあるのではなかろうか。

日本にも昭和29（１９５４）年の初来日以来、11回もやって来る。日本人に人気が高く、カラヤン収録の「運命」と「未完成」のＬＰレコードは日本で１５０万枚も売れた。赤坂の日本最高レベルといわれる音楽施設「サントリーホール」の建設にも設計の段階から関わる。

その偉大なる指揮者が日本の国歌「君が代」を大絶賛。「世界で一番、荘厳な音楽である」と語っている。日本人として嬉しい限り。「君が代」は素晴らしき国歌です。

そういう私でも、若い頃はわが国の国歌である「君が代」にあまり興味がなかった。唄いづらく、ゆっくりとしたメロディーは苦手でもあった。30歳を越えた頃から「君が代」の素晴らしさが分かるようになってきた。静かなメロディーだからこそ重厚さと美しさを感じる。海外を飛び回り、異国の国歌を知るようになり、さらに、「君が代」が好きになる。

すべてとは言わないが、多くの国の国歌は、「進め」「血をながせ」「負けるな」「守れ」と勇ましく好戦的な歌詞が多い。わが国の「君が代」は何と平和的で美しい国歌だと惚れ惚れする。「君が代」の歴史と意味を知ると、さらに愛する思いが深まる。自国の国歌を愛する自分をも好きになる。

国を愛さない教育を続けてきた日本

私がアメリカのすごさを感じるのは、国民の「愛国心」の高さだ。いろいろな国からやって来たさまざまな人種の集まりにもかかわらず、人々のアメリカを愛する思いは深く忠誠心も高い、その姿に感心する。

アメリカの愛国心を育てる教育は徹底している。学校では国旗掲揚や国歌斉唱が頻繁に行われ、毎朝、Pledge of Allegiance（忠誠の誓い）を子供たちが大声で唱和する。「国を愛さない教育」を戦後70年も続けてきた日本人が見ると、大いなる違和感を持つのは間違いない。

愛国心、国旗掲揚、国歌斉唱と言うと「右翼だ！」「戦争賛美だ！」と言われるのが日常化する日本。私はオカシイと思う。憤りさえも感じる。自分の国を愛するのは当然です。

昨今、お隣の国が日本に対してあれやこれやと難癖をつける。「ディスカウントジャパン」との言葉が生まれ、日本の国際的な地位をおとしめる運動が展開されているほど。韓国では「日の丸」を引きちぎり、火をつけ、踏みにじる。チャイナでは反日暴動の嵐となり、日の丸が焼かれ、日本企業が破壊され、在中日本人は恐怖に身を潜める。

そんな反日暴動、真っ盛りの頃、私は東南アジア4カ国を訪ねていた。現地の人からよく言われたのが、「日本は大変ですね」との言葉。

中韓の無様で下劣な行いは、アジア地域でも知られている。カンボジア、ネパール、インドネシアなどで現地の人から幾度か言われた。「なぜ日本人は、やり返さないのか?」と。自国の国旗を尊び大事にするのは世界的な常識。日本で仕返しが起きないのが不思議でたまらないようだった。

そして日本に暮らしているチャイニーズとコリアンの心配をする方もいらっしゃる。

「日本では、あんな野蛮なことは起きませんよ。中韓の人々を襲い、店舗を壊す輩はいません。相手の国旗を引き裂き踏みつけるような日本人は見たことがありません。ヘイトスピーチや過激な行動をするのはホンの一部の人だけです」

と言うと、心底、驚いた表情を見せる。てっきり在日の人々が日本人の反中、反韓感情で酷い状況に陥っていると思っていたのである。他国においてはそのような反発は当然、起きるべきことだからだ。「自分たちだったら必ず仕返しをする」との言葉は何度も聞いてきた。外国人が自国に対して馬鹿にする発言や失礼な行動をとったときは反撃をする。ましてや国旗を焼かれたりすると、やった側の国から来た人々が経営する店舗や工場を破壊し、焼き打ちにしてやると物騒なことも言う。

私は、「日本人はそんなことはしません」と答える。現に野蛮な行動をする日本人はほとんど存在しない（一部ヘイトスピーチなどの問題はあるが）。「そこが日本のすごいところなんだ」と話す。すると相手は「日本はすごい国。日本人って優しいんだな」と言ってくれた。嬉しかった。日本は素晴らしい国とアジアの人々から教えられた。

私も中韓に対する仕返し的な暴力事件が発生しない日本を誇りに思う。一部のヘイトスピーチ問題はあるにせよ、ほとんどの日本人は過激な行動に走ることはない。慎み深く穏やかな日本人が誇らしい。

2　誇りを失った国民

「♪〝洗脳〟を知らない子供たち」

私が10代の後半から20代前半の頃は巷《ちまた》ではフォークソングが流行り、私自身も髪を長くして肩にギターを担いで歩いていた。

胸に残っている歌がある。「戦争を知らない子供たち」という曲で、名曲だと今も思う。歌詞は「髪の毛が長いと許されないなら」「平和の歌をくちずさみながら」など、反戦平和バリバリの内容だ。それを何も考えずに口ずさんでいた。

最近、この名曲が車の中で口を衝いて出た。すると、「〝戦争〟を知らない子供たち」が「〝洗脳〟を知らない子供たち」と自分の中で歌詞が変わっていた。

私は学校でまともに近現代史を学ぶことはなかった。「戦前の日本は悪だ」「アメリカが民主主義を教えてくれた」と学ぶ。日本国の神話は教えられた記憶がない。「卑怯で残忍な日本が真珠湾攻撃を行い戦争が始まった」「軍隊など必要がない」とも思っていた。日本を否定する洗脳に自分自身が知らぬ間にドップリと浸り込んでいた。

年を重ね海外を飛び回るようになり、日本がいかに素晴らしい国か、天皇陛下の存在がいかにありがたいかを知る。「僕等の名前を覚えてほしい」とさりげなく洗脳された「洗脳を知らない子供たちさあー」と、また大声で唄いたくなった。

豊かさだけを求めた国家は確実に亡びる

豊かさだけを求めた国家は確実に亡びると歴史が証明している。貧しいといわれているアジアの国々を廻り、「日本は危ない」と痛感継続中。

ラオス、ミャンマーなどは日本に比べると金銭的には貧しく、教育レベルも低いが、日本との大きな違いは、「自国の歴史と偉大さ（国史）」を教え、「人間の在り方」を学ぶ道徳教育に力を入れていることだ。子供たちは、どんなに貧しくても自分の国に誇りを持ち、親、教師を心から尊敬する。

世界中で自分の国に誇りを持たないような教育を行っているのは日本だけだ。戦争に敗れ、戦勝国が日本の精神文化を破壊し、二度と逆らわないようにとＷＧＩＰで「日本人軟弱化計画」を強烈に進めた。恐るべし日本人を徹底的に叩き潰すのは戦勝国にとって当たり前のこと。ＧＨＱ、アメリカが悪いとは個人的に思っていない。戦後、70年近くも放っといた日本社会が問題だと考えている。

元々、日本人は誇り高き民族。偉大な精神文化はいまだ破壊されていない。その片鱗は東日本大震災で被災者のみなさんが証明してくれた。常に公を思い、誰かを思いやる人々の姿は世界中を感動させた。その美しい姿は、「日本人としての誇り」を私自身にも与えてくれた。

神話は教えず近現代史はスルーする歴史教育

これまでアジアの国々やアメリカを廻り、その国の子供たちが使っている歴史教科書を見せてもらった。どの国も子供たちに自国の素晴らしさを伝えている内容だった。

わが国の歴史教育に対して私は疑問を持っている。歴史は考え方や見る視点で、いかようにも捉えることができる。特に日本人が誇りと自信を失った近現代史を教えるのが最も重要なのにもかかわらず、そこにはほとんど触れない。何事もなかったかのように通り過ぎる。やはりＧＨＱの日本人愚民化政策によって、偉大な教育者、歴史学者、専門家が教育界から公職追放された痛手は大きい。

日本人から「誇りと自信」を最も奪い去ったのは、大東亜戦争（太平洋戦争とも言うらしい）で敗れたことである。だからこそ、この戦いへと突入せざるを得なかった当時の状況と、敗戦から現在までをしっかりと教えるべきなのだ。だが残念ながらなぜか大事な近現代史をスルーしてしまう。

みなさんも不思議だと思いませんか？　なぜなんだろう。縄文から明治時代までの歴史は教えてくれるも、大正、昭和はサッサと流してしまう。高校時代、教師に「ちゃんと教えてください」とお願いしたこともある。古事記や日本神話は知っていたが内容はまったく分からない。天照大神も神武《じんむ》天皇も知らなかった。私だけだろうか。我が故郷の町だけが、そうだったのだろうか。今の学校では、どうやって教えているのかと気になる。

国民が自国の歴史を知らず、誇りを失うと必ず滅びるといわれる。学校で教えないのであれば、父母自らが学び、子供たちに「誇るべき日本」を伝えるのが大切。今の日本の教育（もちろん家庭教育も含む）が未来の日本の姿になる。理不尽な隣国と堂々と付き合うためにも、日本国民一人ひとりがしっかりとした歴史観を持つのが大切だと私は思う。

日本人であるならば、日本をひいき目に見て当たり前だと私は思う。わが国の子供たちに「日本国の素晴らしさ」を教え伝え、日本人として誇りを持つ教育は何よりも大切ではなかろうか。

７割の高校生が自分をダメ人間と思っている

平成27（２０１５）年8月に国立青少年教育振興機構が行った日本、韓国、中国、アメリカの高校生に対するアンケート結果が公表された。そして、その結果が非常に気になっている。

４カ国の高校生に「自分自身を、どう思うか」について質問したところ、「自分はダメな人間だと思うことがある」と回答したのは、日本72・５％、アメリカ45％、中国が56％、韓国が35％。ブッチギリのネガティブさだ。

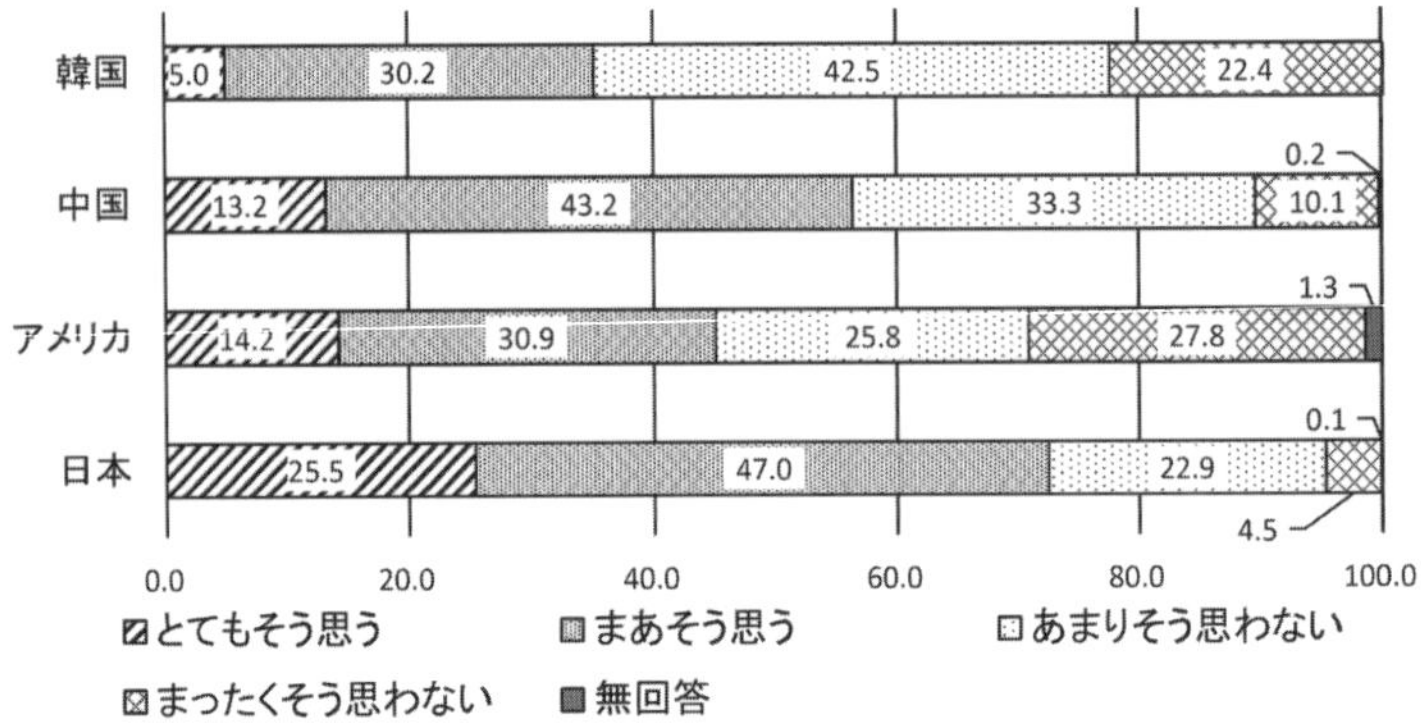

自分はダメな人間だと思うことがある（国立青少年教育振興機構「高校生の生活と意識に関する調査報告書」平成27年）

日本の高校生たちの自己肯定感のあまりの低さに驚くばかり（かなり大きなショックを受けた）。一体、どうしてこのような状況になってしまったのだろうか。子供たちのせいではない。すべて日本の大人たちの責任だと我が身を責める。

自分が高校生の頃は何をやっても楽しかった。少々のコンプレックスもあったが、心の大部分は「自分はすごい」と自信過剰の生意気なガキだった。

なぜ、こうなってしまったのかを真剣に問わねばと思う。価値のない人間は、この世に存在しない。自分の素晴らしさを努力で引き出していないだけだ。すべての人間に価値があると断言します。

日本人が誇りを失ったのは、先の大戦で敗れたのが大きな要因。その後のＧＨＱが行ったＷＧＩＰによる洗脳で、「日本人は悪」だと刷り込まれた。

それでも最近、やっと日本人の心に、希望の光がうっすらと見えてきた。本当に日本だけが悪なのか？自分たちのおじいちゃん、おばあちゃんは悪い人だったのか？　と疑問を持ち始める日本人が増えてきた。

いまだ、「国を愛する」「自力で国を守る」「天皇陛下に対して尊崇の念を持つ」「国旗・国歌を大事にする」「日本人として誇りを持つ」とごく当たり前のことを言うと、「右翼」「戦争賛美」「我が子を戦場に送るのか」などと猛烈な批判をする日本人も存在するが、そんなことはどうでもいい！　国を愛し日本人としての誇りを持つのは当然のことだと私は思う。

日本人が誇りを取り戻すのが都合の悪い人々、国々がある。だからこそ未来の子供たちのためにも、「日本人の誇り」を私たちが、しっかり持たねばと強く深く思う。

3 自国の神話を学ばない民族は滅びる

宮崎県高千穂町の国見ヶ丘にあるニニギノミコト像。

イギリスの世界的な歴史学者アーノルド・トインビーは言った。「12、13歳ぐらいまでに自国の神話を学ばなかった民族は例外なく滅ぶ」と。敗戦後、神話を教えなくなった日本にとって恐ろしい指摘である。

今まさにわが国は危うき状況かもしれない。義務教育において、日本の偉大なる歴史を教えることはない。なぜなんだろう？　教えてはならない何かがあるのだろうか？　素晴らしい歴史書であるにもかかわらず、『古事記』『日本書紀』を教えることもない。神話を語ることもなければ、天皇陛下の存在の大きさや日本人の精神的な根幹を学ぶこともない。

アジア各国を廻り続ける中で、自分の耳で聞いてきた。貧しき小国に暮らす人々であろうとも、自国の成り立ちや神話を誇らしげに語る。

「アナタの国で最初の神様はどなたですか？」と聞いても日本人のほとんどは答えることができない。そんな国は日本だけかもしれない。

誰が日本神話を奪ったか知っていますか？　それはＧＨＱです。日本人の凄まじいばかりの精神性の高さに恐れをなしたＧＨＱは、神道指令を発令し、「宗教、神話としての神道」を奪い去ったのだ。『古事記』『日本書紀』は史実ではなく非科学的だと、教えることを止めさせた。

「アレ～ッ⁉」、実に変だ。アメリカは大統領の即位式に、今でも聖書に手を置き宣誓する。その聖書は史実で科学的なのか？　ノアの方舟、マリア処女生誕と奇跡のオンパレード。とても史実、科学的とは思えない。ダブルスタンダードも甚だしい。

だからといってアメリカが悪いとは思っていない。負けた国を貶《おとし》めるのは当たり前。ましてや高貴なる日本民族の精神破壊は、徹底せざるを得なかっただろう。敗戦後70年も邪悪な破壊工作をそのまま受け入れてきた、現在の日本人の問題だと思う。

日本で最初の神様は？

これまで数十カ国を訪ね、調査や支援を行ってきた。その国に入ると、「あなたの国の成り立ちは？」と聞く。するとほとんどの人々は自国の神話や建国の歴史を誇らしげに語る。

一方、日本人に自国の神話を聞いても沈黙するばかり。

60歳前後の友人たちとの語らいで、「日本の神話は面白いよなー」と話すと、ほぼ全員がキョトンとしている。残念ながらほとんどが知らない。私の世代でこの結果。自分も決して詳しいわけではないが、基本的な日本国の成り立ちは知っている。

いろいろな国を廻り、市井《しせい》の人々と触れ合ってきたが、みんな自国の成り立ち、神話をよく知り、国家に対して深い尊敬と誇りを持っている。国旗を命の如く大切にしている人々もいた。日本は素晴らしい国である。東日本大震災被災者のみなさんが示してくれた日本人の高き道徳心は世界中が賞賛した。こんなにも立派な国家、国民でありながら、なぜ、多くの人々が「日本の神々」のことを知らないのだろうか？　なぜ学校で教えてくれないのだろうか？

自国の神話や建国の歴史を知らないのは日本人だけじゃなかろうかと不安を感じる。「日本で最初の神様は誰？」と問い掛けても、答えてくれる人はほとんどいない。

「天之御中主神」が正解。「あめのみなかぬしのかみ」と読む。神様を数えるときは、人間のように一人、二人ではなく、「ひと柱、ふた柱」と数える。別天《ことあま》つ神《かみ》、神代七代《かみよななよ》、イザナギ・イザナミ、天照大神と聞いてもチンプンカンプンな日本人が多いのでは。残念ながら学校では教えてくれない。

私は、日本神話は素晴らしい、世界に誇るべき神話だと断言したい。日本創造の神話を知るのは大切だと思っている。

まずは、お父さん、お母さんが学んでほしいと思う。そして、愛しい我が子に日本神話を伝えていただきたいと切に願う。必ずや、「日本人としての誇り」が芽生えてくる。私もまだまだ勉強不足。さあー、『古事記』を学ぼう。

日本は世界最古の国家

日本は世界で一番古い国家であることを知らない日本人が意外に多い。若者たちに、「世界最古の国家はどこですか?」と聞いても、「日本です」と胸を張って答える人はほとんどいなかった。「日本が世界一古い国だ」と言っても、「ウソだー」「中国が一番古いんだ」と言う。「神武天皇から始まり２６００年以上の歴史がある」と言うと、考古学者や歴史学者、知識人、日本人の一部が強烈に反発する。「神武天皇は存在しない」「神話は科学的に証明できない」と否定する。ギネスブックに世界一古い国家は日本と明記されていると説明しても、日本人は疑う。

ギネスブックへの登録基準はかなり厳しい。ほぼ１００％科学的に証明されないと登録されないそうだ。それでも６００年代後半の42代文武天皇辺りからは完璧に存在が証明されるから、日本は「世界最古の国家」として登録されている。それでも１３００年以上も前の歴史となる。

日本の子供たちに「日本の歴史はすごいよ。世界で一番古い国だよ」と言うと、「日本ってスゴい！」と素直に喜ぶ。子供たちは、日本に誇りを持ちたいと願っていると感じる。

そもそも、「神話や古くからの言い伝えは、そうであったものとみなす」のが世界の常識。神が行った奇跡の多くは、科学で証明できない。それでも世界では神々の奇跡を「そうであった」とみなし、異論や反論はない。

日本は素晴らしい神話と歴史を持つ国でありながらも、教育において神話や皇室を教えることはなくなってしまった。ポルトガル、スペイン、イギリス、フランス、ベルギー、オランダ、ドイツ、アメリカなどが行った植民地政策の残虐さや、有色人種の地獄の悲しみを教えることもない。先の大戦に日本が突入せざるを得なかった近現代史もスルーで無視。「このままではイカン」と思う。

自国の成り立ちを知らないのは日本人だけかもしれない。アジアを旅して痛切に感じる。それぞれの国民は、自分の国の誕生を誇らしげに語る。日本は世界最古の国家であり、記紀（国家によってまとめられた歴史書）もあるにもかかわらず、子供たちに教えない。何と悲しいことだろうか。

日本人に、「日本で最初の神様は？」と問い掛けても答えることができるのは、ほぼいない。天之《あめの》御中主神《みなかぬしのかみ》と言っても「何それ」と若者たちはキョトンとする。伊邪那岐命《いざなぎのみこと》、伊邪那美命《いざなみのみこと》も知らない。これでいいのだろうか？

私は日本の神話を子供たちに教えることが大事だと深く感じている。わが国の神話は他国と比べ

神武《じんむ》天皇東征《とうせい》之図（安達吟光《あだちぎんこう》画、明治 24 年）

ても素晴らしいと誇れる。みなさんも『古事記』『日本書紀』を漫画でもいいから読んでみてください。人間味溢れる日本の神々が、いかに素晴らしいかが分かります。日本人に生まれてよかったとも感じます。

神話が教える「エッチ」の作法

日本神話は実に人間味溢れ、妬み、嫉妬、意地悪など現実的であり、エロスも満載。思わず笑ってしまう教えも多い。

『古事記』を読むと、日本人は太古の昔から女性を大事にし、尊ぶ思いが深いと感じる。性についても実におおらかで優しい。

日本創世に非常に重要なのがイザナギ（男神）とイザナミ（女神）である。日本の国土をつくり、神々を産む。四国、九州、本州などの日本国を形成した後、ホッと一息ついて次に子づくりに励む。男女の営みが始まるのは当然の流れ。

「まぐはい、まぐはい（エッチしましょう）」と言いながら合体。ところが最初に生まれてくる子供（神）は超未熟児で、流れてしまう。その後も上手くいかない。

困ってしまったイザナギ、イザナミは天上界に戻り、天地開闢《かいびゃく》の神々に相談する。「どうしても子づくりが上手くいかない。なぜでしょうか？」と尋ねる。

すると先輩の偉大な神々の中に、「性のエキスパート」がいらっしゃった。

「もしかしたら女からエッチを誘ったのではないか?」

「それではダメだ。男から誘わないと立派な子供は生まれない」と指導する。

「分かりました」と天上界から戻ってきたイザナギは早速、実行。イザナミに対して、

「どうかマグハイをさせてください」と懇願。イザナミは喜び、「カモン」と受け入れる。そして合体。山の神、畑の神、風の神、作物の神など多くの神々が誕生する。めでたし、めでたし。

男たちよ、神話から学ぼう。奥様や恋人を思いやることを。マグハイの美しさや大切さを。日本男児の最も大切なのは、愛する女性を守ることなのかもしれない。

日本の神話は男の激しい性欲も大切だとの教えと、女の優しさと美しさも教えているようで微笑ましい。世の男たちよ、「エッチは男から誘うものだ」と神様が教えています。常に女を尊重し、優しく激しく営みましょう。日本神話は面白い。

「ウジウジした男はみっともない」などの「責め言葉」があるが、神話においては、それも良しとしている。

イザナミは最後の子供(火之神)を産んで亡くなり、そして、黄泉《よみ》の国(死者の国)へと去って行く。イザナギは男らしく女房の死を受け入れるのではなく、愛する妻を失った絶望感で、ウジウジと「寂しいよー」と泣いてばかり。甘えん坊の男を表現している。

イザナギは絶対的タブーを犯す。イザナミに会うために黄泉の国を訪ねたのである。そこで見たものは、朽ち果て醜く変わり果てたイザナミの姿だった。「見たなー」とイザナミはイザナギをギロリと睨み、「殺してやる」と叫ぶ。「ワオッ!」と驚き、黄泉の国から必死になってイザナギは逃げ出した。

いやはや何とも甘えん坊で、ウジウジした男の神様だ。みっともない。だが、その「男の女々しさ」から最も大事な神々が生まれる。黄泉の国から逃げ出したイザナギは、禊《みそぎ》のために川に入る。そして鼻から「スサノオ」、右目から「ツクヨミ」、左目から「天照大神」が誕生した。「女々しい男、それも良し」が日本神話。

踊り子の神様「アメノウズメ」

日本の神話には、実に魅力的な女性神が数多く出てくる。日本で最初の踊り子である「アメノウズメ」も、そのひと柱。

神話では、弟のスサノオノミコトの天上界での乱暴狼藉に心を痛めた太陽の神様、天照大神が天岩戸《あまのいわと》にお隠れになり、この世は真っ暗闇となってしまった。

困り果てた神々は、太陽神が隠れた洞窟前の河原でドンチャン騒ぎの宴を企画し、実行。大宴会を行えば、天照大神が気になって外を覗くのではないかという計画だ。

その宴会の中心的神様が「アメノウズメ」。顔はイマイチだがナイスボディで、お色気ムンムン。神々の前で踊りまくり、上半身裸のストリップ状態。やんややンヤの大喝采で宴は最高潮。

天照大神は、「私が隠れて、この世は真っ暗になっているはずでは？　なぜ、外は楽しそうにしているの」と訝《いぶか》しがる。洞窟から、チョット顔を覗かせ外を見る。その時に、力持ちの天手力雄命《あまのたぢからおのみこと》がグーッと天岩戸を開け、天照大神を外に連れ出した。そして太陽が戻り、世界は再び光輝いた。

アメノウズメがいなければ、世界は真っ暗闇だったかもしれない。人を楽しませる大いなる神様。きっと優しかったに違いない。現在でも人々から慕われる。アメノウズメを祀る神社には、多くのお笑い芸人や芸能人が足を運ぶという。実に魅力的な神様だ。

日本は本当に男尊女卑なのか？

侍のイメージが強いせいなのか、「日本の奥様は大変だな。男が威張り、女は小さくなっている」と何度か外国人に言われた。

どうも男がメチャクチャ威張っていると思っているようだ。そんな彼ら（男にしか言われたことがない）に「日本で最高の神様は女だよ」と言うと、「エーッ」とビックリ。神道の天照大神の説明をすると、「そうなのか」と感心する。「太陽の神様なんだ。人々に光と愛を与えてくれる」と話すと「素敵だな」とも言ってくれ

岩戸《いわと》神楽《かぐら》之《の》起顕《きげん》（春斎年昌《しゅんさいとしまさ》画、明治 20 年）。天岩戸から出てくる天照大神。

た。

「日本で旦那が女房を殴るなんてのは少ない。一部、威張りくさって女を殴る男もいるが、そんな奴は軽蔑されるよ」と話すと、イメージとの違いに衝撃を受ける。「そういえばそうだなー。日本の男たちは誠実で真面目だ」「奥さんを虐めるとは思えないよな」と妙に納得した顔で言う外国人もいた。

世の男たちよ、女房、恋人を大事にしよう。女は太陽です。妻や恋人が、温かく明るい光を与えてくれる。女を大事にしない男に幸せは来ないと断言してもいい。

排泄物も宝

外国を廻っていると、トイレの汚さに辟易《へきえき》する。ホテルは大丈夫だが、公共のトイレとなると汚れ放題、時にはテンコ盛りとなった物体に出合う。

日本留学経験のある外国人（アジア数カ国の男女）が、日本のトイレの美しさを絶賛。公園のトイレもいつもピカピカなのに感動したという。「なぜ日本人はそんなにきれい好きなの？」と聞く。「日本はトイレにも神様がいらっしゃる。日本の神々は汚れをも愛しているから」と勝手な解釈と未熟な知識で答えた。

いつも私が日本の神々に対して感動するのは、汚れや穢《けが》れも愛する器の大きさだ。食べ物の神様、オオゲツヒメは、突然やって来た乱暴者のスサノオに、お尻から出てくる排泄物から料理を作り、食事を出す。それを知ったスサノオが激怒し、オオゲツヒメを斬殺。しかし、その遺体からさまざまな農作物が生まれる。頭→蚕、目→稲、鼻→小豆、耳→粟、お尻→豆、女性器→麦と五穀の誕生。尊いオオゲツヒメの命と引き換えに多くの食べ物が生まれたのである。

生活レベルの向上とともにトイレは美しくなった面もあるが、日本人は基本的に便所を清潔にする概念を持っている。「排泄物も宝の国」が私たち日本である。

神様が働く国

年老いても働いている人がいると、「この人は貧乏なんだ。こんな年寄りになっても仕事をしているのはかわいそう」との見方が海外では結構ある。

インドネシアはバリ島での出来事。中年女性が、「日本人は何でそんなに働くの？　かわいそうに」と聞かれた。どうも日本人は、仕事中毒だと思われているようだ。おばちゃんに、「日本では神様もよく働くからだよ。日本人は働くことに喜びを感じている」と答えると、ビックリした顔を見せた。

外国の神様は、人間では不可能な働きをする。死んだ人間を生き返らせ、天地を割り、嵐を起こす奇跡を行う。

ところが日本は神話に出てくる神々がよく働く。日本の神々は、普通の人間と同じような仕事をすることも多い。田植えや稲刈り、機織り機で布を織る。踊る神様もいる。実に人間らしい。

今でも天皇陛下が水田で稲を植え、収穫をする。

日本人が労働を尊び、商品に魂を入れるのは、神話の世界から続いているのかもしれない。嫌々ながら仕事をしている方もいらっしゃるとは思うが、どんな仕事（違法な仕事は除く）でも喜びを見つけた方が人生は楽しい。労働を尊ぶ考え方は日本人の特長でもある。

日本人は本当に宗教心がないのか？

私は、日本人ほど宗教心の篤《あつ》い民族はいないと思っている。ほとんどの日本人は、「日本人は他国に比べると宗教心があまりない」と思っているのでは？

「お天道様が見ている」、この一言に尽きる。誰かが見ているわけでもないのに、多くの日本人は「善」なる生き方をしている。誰かを騙そうとする人も少ない。常に他者を思いやる。駅のホームに並ぶ。狭い道では、互いがぶつからぬようにと身をゆずる。財布や鞄を忘れようとも届けられる。商品作りに全霊を込める。建築、道路工事なども見えぬところにこだわり、完璧を目指す。語り尽くせぬほどの日本人の素晴らしさがある。人様が見ていなくても、お天道様が、「悪さをしてはいけません」と見つめている。

神道の教えが身体に染み付いているのかもしれない。大晦日には大掃除を行い、神々を迎える準備。元旦には門松、しめ縄、鏡餅を飾り、先祖神を迎える。神社に参拝し、手を合わす。自然を愛し、季節に感謝。生活の中でも、「いただきます。ごちそうさま」と神道の教えが深く入り、習慣となっている。

もちろん、お天道様が見ていても悪さをする日本人もいる。それでも多くの日本人は紳士、淑女。優しく穏やか。そんな日本を誇りに思う。

「民のかまど」を削除させた教育委員会

『日本書紀』を読んで最も感動し、心に残っているのは、仁徳天皇（第16代）の「民のかまど」の話である。

民の暮らす家々のかまどから煙が上がっていない様子を眺めていた仁徳天皇は、「庶民の暮らしは厳しい。食事を作るかまどの煙が上がっていない」と胸を痛め、3年間の租税を免除。宮中（天皇のお住まい）の修理費用捻出もできないほどの財政悪化となる。宮中は荒れ果てボロボロになるも、人々のかまどからは煙が上がるようになり、生活も安定してきた。それでもさらに3年間、免税を続ける。民を思う仁徳天皇に感動した人々が馳せ参じ、宮中の修繕を行う。天皇と国民の深い絆を示す出来事である。

ある中学校の校長先生が、「民のかまど」のことを「和の心を大切にしてほしい」との願いを込め、朝礼において中学生たちに話す。そして自身のブログに投稿。「素晴らしい」と私は思う。ところが教育委員会が噛み付いた。「個人の考え方を押し付ける」としてクレームを出し、注意をする。校長先生はブログに書いた「民のかまど」を削除せざるを得なかった。

言葉を失う出来事だ。一般市民の誰かが教育委員会に訴えたのだろうか？　日本の素晴らしさを子供たちに伝えてはいけないのか？　「天皇と民」「大御心《おおみこころ》と大御宝」の深い絆を子供たちに教えるのはタブーなのか？　実に嘆かわしくも悲しい出来事だと私は思う。

どうやって語り継いでいけばいいのだろうか？

これまで数多くの戦没者慰霊祭などに足を運んできたのだが、いつも「どうやって若い人たちに語り継いでいけばいいのか？」と考え込んでいた。

慰霊祭や集会に集まる方々のほとんどは、70～80代の大先輩。若者の数は極端に少ない。準備を行う人、司会進行もお年寄りばかり。「子や孫、ひ孫はどうしたのか。自分の身内、親族にさえ語り継ぐことができなかったのか」と不安さえも感じる。

どこの国でも、自分の国のために命を捧げた英霊に対し、尊敬と感謝の念を国民は強く持っている。日本だけが異常な状態だと、いつも思う。

占領期に、ＧＨＱが行ったＷＧＩＰ（日本の誇りと自信を奪い尽くす洗脳プログラム）の影響は今も続く。「日本は悪」「日本人は誇りを持ってはいけない」と多くの日本人が知らぬ間に洗脳された状態。

右や左の思想的な問題ではなく、日本を愛する日本国民として偉大な先人のことを伝えていかねば！　との思いは深くなる。

ＧＨＱによる日本人の精神文化破壊工作は、完璧に上手くいったかのようにも見えるが、まだ大丈夫。うっすらとではあるが、希望の光も見える。

それは若者たちの変化である。最近、急激に若者たちが日本の神話に興味を持ち始めている。伊勢神宮、明治神宮、靖国神社など神社を参拝し、神話を学ぶ青年たちが増えている。学校では教えてくれない日本の素晴らしさや歴史の授業では学べない近現代史を自ら勉強し始めている。日本を知りたがる若者たちが増えてきたのだ。

宮崎県各地の神社を廻っていて、嬉しい驚きがあった。若者たちの姿が多いことだ。しかも観光気分でオチャラケた参拝ではなかった。真剣に説明文を読み、メモを取る。神楽の舞台も食い入るように見つめている。鳥居をくぐるときは、真ん中を通らずに端っこを歩く。若者たちがペコリと頭を下げて神社に入る姿を見ると、嬉しくなってしまう。その姿は美しかった。

神社にお参りする青年たちを見ていると、「日本は、まだ大丈夫」との思いが湧いてくる。若き人々に感謝したい。


8月15日の終戦の日、靖国神社には毎年多くの人々が参拝する。直射日光がギラギラと照りつけるなか、国のために尊い命を捧げてくれた英霊のみなさんに対して手を合わせていた。

近年驚くのは、ここでも若者たちの姿が多いこと。着物姿のお嬢さん、猛暑にもかかわらずスーツをビシッと着た青年、幼子と共に手を合わす夫婦、学生服姿の高校生と思われる集団もいた。学校教育やマスコミ報道で、「日本は悪、アジアを侵略、靖国にはA級戦犯が祀られている」などといった負の情報の洗脳を乗り越え、自分自身で学び、やって来たのだろう。そんな若者たちを

終戦の日、靖国神社には多くの人々が参拝に集う。猛暑の中を参拝の順番を待つ人々が列をなす。老いも若きも子供たちも、参拝が近づくにつれ私語が消える。あおぐ団扇も止まり、身を整える。「日本人は美しい」と思った。そんな日本を守ってくれた英霊のみなさんに対し、感謝の思いが溢れる。

見て嬉しくなった。

日本は変わりつつあると感じている。ちょっと前までは、「靖国神社を参拝するのは右翼だ」と言われるほどだった。猛暑の中で熱心に参拝する若者たちの姿を見て、感謝の思いが湧いてきた。改めて「日本は、まだ大丈夫」と思った。

一部を除き、ほとんどの人々は平和を望み、戦争は絶対に反対。靖国神社を参拝する方々の、ほぼ全員が、永久なる平和を願っているだろう。

軍隊がなければ、武器を持たねば戦争は起きないと考え、こちらが平和を望めば争い事はなくなると思う人々もいる。靖国神社にお参りするのは軍国主義の復活だと批判する。日本を愛し、日の丸を掲げると、戦争賛美だとのたまう方も存在する。

残念ながら、人類に戦争がなくなった歴史はない。理想的平和を信じ、軍備を怠る国家は滅亡していくだろう。憲法9条が日本の平和を守ってきたと訴える人々がいるとも聞く。とんでもない。アメリカが守ってきたから日本の平和があったと私は思う。

人は誰しも平和を望む。戦争は絶対にやってはいけない。ただし私は理想的平和主義者ではない。「現実的平和主義者」である。先の大戦においても、日本は何とか平和をと模索し続け、屈辱的な妥協案を提示し、アメリカに願い続けた。それでも一蹴され、悲しい戦争へと追い詰められた。今日現在、隣の大国による、平和な国日本への侵略も始まっている。平和を愛するが故に現実をシビアに見つめている。

日本はまだ大丈夫!

アジアのいろいろな国を廻り、教科書を見せてもらった。どこの国も、「自分の国を愛し、誇りを持つ」教育に力を入れている。

現状、日本の「国を愛する教育」はどうであろうかと、疑問と不安を持っているのが正直な思いだった。

ところが、平成26（2014）年に内閣府が発表した世論調査グラフを見て嬉しくなった。日本国民に対して、「もっと国を愛する気持ちを育てる必要性があると思うか?」との質問に対して、「そう思う」と答えた方の割合が約80%だった。それも年齢を重ねれば重ねるほど、数値が高

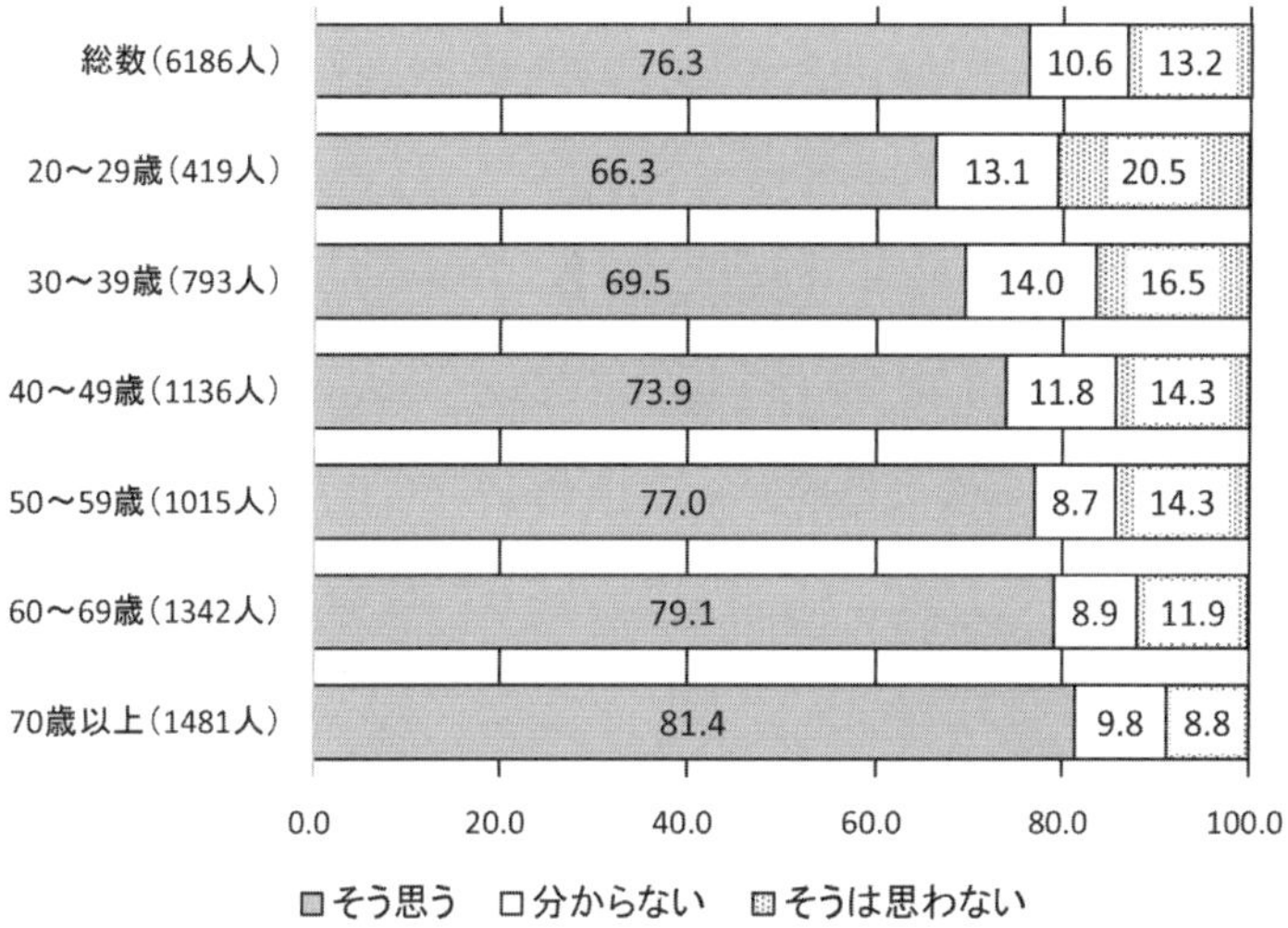

国を愛する気持ちを育てる必要性（内閣府「社会意識に関する世論調査」平成26年）

くなっている。「そうは思わない」は10％ぐらいに過ぎない。「わからない」を入れても2割だった。日本人の大多数が、「もっと自分の国を好きになる教育」の必要性を感じている。

　私は、これまでいろいろな国に足を運んできた。外を見れば見るほど、日本の素晴らしさを感じる。日本は立派な国である。

〈忘れ去られた日本の偉人　⑧〉

歴史教科書から消えた世界的英雄――乃木希典

嘉永2（1849）年～大正元（1912）年

乃木希典陸軍大将

日本人の多くは、「ロシア人は日本が嫌い」と思っているのではないだろうか？　とんでもない！　80％を超える人々は、日本が好きなのだ。

日露戦争の代表的な人物として、乃《の》木《ぎ》希典《まれすけ》将軍は世界的に評価が高い。フランス、ドイツ、イギリスなどの政府、王室から勲章が授与されるほど。敵国ロシアの有力紙『ニーヴァ』ですら、英雄として挿絵を掲載。また多くの国の父母が我が子に「ノギ」と名付けた。

日本の素晴らしい軍人のことを日本の子供たちに教えてほしいと願う。決して戦争を賛美するものではない。世界の国々から尊敬される日本軍人は多い。それを知ると、日本の子供たちが「日本人としての誇り」を持つようになると考えている。

大東亜戦争当初、フィリピンの司令官だったマッカーサーは、日本軍に敗走を余儀なくされた。その小さな私怨により、終戦後、処刑された日本軍人は多い。彼らは国際法を遵守していたにもかかわらず絞首刑とされてしまったのだ。

それと対照的な話がある。日露戦争での乃木将軍の有名な話、「水師営《すいしえい》の会見」だ。日露戦争では、遼東半島の旅順でロシアと日本の壮絶な戦いが繰り広げられた。双方とも多くの戦死者を出し、やっと日本が勝利。日本軍司令官の乃木希典将軍は愛する二人の息子を旅順要塞攻略戦で失う。

旅順攻略後、露軍司令官ステッセル将軍と乃木将軍の会見となった。その模様をアメリカ人が撮影させてくれと願い出るも、乃木将軍は、「ステッセル将軍の恥が残るような写真を撮るのはならぬ。武士道精神に反する」と断る。

しばらくして再度、外国記者団が撮影を申し入れると、乃木将軍は熟慮の上、ステッセル将軍らロシア軍人たちに帯剣を許す。互いに死力を尽くし戦った。双方の戦死者も多い。だが戦いは終わった。「互いに友人として同列に並んだ写真を、一枚だけ許そう」と答える。

敗者の将が勝者の将の前で帯剣することは、当時の常識では許されていない。乃木将軍の言葉を聞いた記者たちは、日本武士道の寛大さと美しさに涙したという。

水師営の会見。２列目中央左が乃木希典陸軍大将。右がアナトーリイ・ステッセル将軍。明治 38（1905）年、旅順にて撮影。

しかし、敗れたロシアのステッセル将軍には、過酷な運命が待ち受けていた。帰国すると、ステッセル将軍に対し、ロシア皇帝は敗戦の責任で銃殺刑を宣告する。

これを知った乃木将軍は、「ステッセル将軍はいかに祖国ロシアのために戦ったか」「死力を尽くし軍人として見事だった」と、銃殺刑の取り止めを嘆願する手紙をロシア皇帝に送る。その結果、ステッセル将軍は減刑され、シベリア流刑となり、命を永らえた。

さらに乃木将軍は、残された敗将の家族を思い、遠く日本からロシアへステッセル家の生活費を送金し続けた。まさしく「大和の心」。素晴らしい人物だ。

〈忘れ去られた日本の偉人　⑨〉

先人の遺志を継ぐ者たち

東日本大震災で遺体捜索をする自衛官のみなさん（宮城県）

わが国は実に不思議だと思う。子供たちに対して、偉大な日本の軍人を教えることはほとんどない。日本以外では考えられないことでもある。

海外を廻っていると、個人の自宅にその国の偉大な軍人の写真を飾っているのをよく見かける。アメリカでは元軍人で大統領の地位まで上り詰めた人物もいる。わが国においては教科書から軍人の姿は消えた。ロシアと戦った乃木希典将軍、東郷平八郎元帥らを教えることはない。

北海道を守った池田大佐も聞かない。硫黄島の栗林中将、ペリリュー島の中川司令官も教えてくれない。

日本軍人は高潔なる人格を備えた偉大な人物が多い。もし東郷元帥がいなければ、私たちはロシアの奴隷となっていたであろう。池田大佐が奮戦していなければ、北海道はソ連となっていたであろう。多くの日本軍人が命を捧げてくれたからこそ、今の平和と豊かさの中で生きているとの感謝の思いを私は持っている。

東日本大震災以降、現在の日本軍人である自衛官のみなさんが尊敬されるようになってきた。これは嬉しいことだ。わが国を守る自衛官のみなさんが、もっともっと尊敬の対象になればと思う。

特別対談　池間哲郎×清水克衛（書店「読書のすすめ」店主）

歴史を勉強しないとヤバいぞ！

清水　書店「読書のすすめ」店主の清水克衛《かつよし》です。前作『日本はなぜアジアの国々から愛されるのか』（育鵬社）に引き続き、本書を読ませていただきました。私も本屋の店主として、今までもいろいろな本を読んできましたが、読みながら何というか、勇気ともまた違った今までにない初めての感情が湧いてくるという体験をさせていただきました。

池間　それはありがたい言葉です。

清水　今回の『世界にもし日本がなかったら』という題名なんですが、これはすごくおもしろい発想ですよね。池間先生は、世界にもし日本がなかったらどうなっていたと思われますか？

池間　今とはかなり違っていたでしょうね。実際に、アジア各国で支援活動を続ける中で、何度か言われたことがあるんですよ。「もし日本がなかったら、どうなったんだろう……」と。今では、アジアの国々で日本製のバイクや車がたくさん走っていますけど、もし日本がなかったら、現在も高度な技術力を必要とする製品はすべて白人たちが作り、アジアの人たちはそれらを高く買わされる世界になっていたかもしれません。今でもアジアの人たちは、みんなとは言いませんが、やっぱり白人は優れているという感情が根底にあるような気がします。だから、アジアが安い資源を出し、白人が何でも作り、それをアジアの国々が買うという状況を受け入れがちです。だから、日本はその資源すらもないはずなのに、戦後、こんなに豊かになったのは、アメリカが応援してくれたからだろうと言う人もいるんです。

清水　そうなんですか。

池間　確かに終戦直後、アメリカの支援も一部ありましたが、本質ではありません。だから、私はそういうことを言う人には、「刀」の話をするんです。外国の刀は、刀身そのものよりも外装の飾り付けに宝石をちりばめたり、形にこだわります。一方、日本刀はシンプルそのものです。鋼に幾度も焼きを入れ、叩きに叩き、磨きに磨きます。その切れ味や美しさは世界最高峰だと私は思います。しかも、日本刀は武器としての要素もありますが、それ以上に「守り刀」としての役目があります。日本人は日本刀にも神が宿ると考えているんですね。だから、製作する時に少しのミスも許さないし、さらに良くしようと究極を追求する。そうした姿勢がすばらしい製品を生み出しているんだよと話せば、「日本人は違うなあ」と分かってくれます。

清水　日本人が初めて白人を相手に勝利したことが、植民地だったアジアの人たちにものすごい勇気を与えたと、よく言われますよね。

池間　それは間違いない。私も何度も聞いています。日露戦争当時、ロシアは軍事力も含めて超大国でしたからね。まさか、日本が勝つなんて世界中の誰も思っていなかった。ところが、有色人種のアジア人が、あの白人の大男たちをやっつけた。この勝利によって、アジアの人たちも「自分たちもやればできるんだ!」という意識が芽生えたのです。

清水　歴史の本を読んでみると、世界で初めて国際会議の場で「人種差別はダメだ！」と言ったのも日本だったんですよね。

池間　そうです。当時の日本は国際的に力をつけてきた時期でしたが、それでも有色人種は人間ではないと言われていた当時の状況を考えれば、本当にすごいことですよ。第一次世界大戦終結後の一九一九年のパリ講和会議における国際連盟委員会で、日本が「人種や国籍で人間を差別してはいけない」という提案をしたわけですよね。あの時代の日本人は度胸が据わっています。

清水　世界にもし日本がなかったら、まだ人種差別はなくなっていなかったかもしれませんね。

池間　そうですね。もし日本が欧米と戦うこともなく、そのまま何もしなかったとしたら、現代の世界はもっとたいへんな状況、つまり欧米などの白人列強の国と、支配された植民地という図式のままになっていたんじゃないかと思います。カンボジアやラオスなどで、田舎のおじいちゃん、おばあちゃんを訪ねて植民地時代の話を聞くと、日本人では想像もできないものすごい残虐なことをされていますよ。日本人は、白人がアジアの人々に対してどんなにひどい植民地政策をやってきたかを知らなさ過ぎます。でも、そこを知ることは大事ですよ。

清水　いつも思うんですけど、人と会って話を聞くと、その人の表情の変化や声や涙など、実際に体感するものってありますよね。池間先生は、そういう体験を踏まえて物事を考えられています。机上の空論で良い悪いを言うのではなく、そういうリアリティは非常に貴重だと思います。

池間　いやいや。会話はもちろん通訳を通してですが、やはり表情の変化なんかで伝わってくるものもありますよ。あるおじいちゃんは、植民地時代の過酷な状況を語るとき、怒りがすごすぎて、体を震わせていました。そういうのを見ると、決して演技ではないとか、伝え聞いた話をしているんじゃないと分かるんです。

清水　うそをつくと、人間の目は右上を見るとか言いますもんね。私なんかはしょっちゅう目が泳いでいますけど（笑）。まじめな話、本書は学校の教科書にしてもいいんじゃないかと思います。

池間　そうなればありがたいですね。

「日本精神」を世界に輸出していこう

清水　「日本の常識は世界の非常識」「NOと言えない日本人」などと日本と日本人が揶揄されたこともありましたけど、私はもっともっと「日本精神」が世界を席巻すればよかったと思うんです。だから、これからは日本精神を積極的に世界へ「輸出」してもいいと思うんですけどね。

池間　私もそう思います。最近、すごく日本の漫画が世界に広まっているじゃないですか。もちろん作風とか絵とか高度な技術なんかも広まっている要因でしょうけど、それだけではない。流行っている漫画には、正義や友情、勇気や義理人情といった精神的な要素があって、その精神は世界共通なのだろうと思います。こういう点が、日本の漫画の受け入れられているもう一つの要因ではないでしょうか。日本の漫画は、悪はもちろん許さないんですが、ただ悪をやっつけるというだけでなく、悪と戦いながらも、最終的にはその悪をも受け入れていくという思想的な奥深さがあるんじゃないですかね。

清水　日本の自動車はすでに世界中を席巻していますけど、排ガス規制なんかもクリアしながら、今もなお、良いものをどんどんと作っています。

池間　アメリカで発覚したドイツ自動車メーカーによる排ガス規制の不正が大変な問題になっているけれど、もちろん日本企業もごまかしや不正はありますが、あそこまで確信犯的な不正は日本人にはできないんじゃないでしょうか。

清水　そうですよね。

池間　誠実さが根底にあると思いますよ、日本人は。

清水　私は、人類の最終到達点が日本精神なんじゃないかと思うんです。人類はアフリカ大陸で生まれたと言われていますよね。そこから移動し、世界中に広がっていくわけですが、ユーラシア大陸をずーっと東へ向かった人たちがいたわけです。彼らは冒険心や好奇心が強く、途中で定住することなく、極東を目指した。その長い道のりの中でさまざまな経験を重ね、失敗を乗り越え、いろんなことを思い、考えた。そして極東に到達し、我々日本人の祖先となった。そのような他の人類が経験し得ない経験によって練りに練られた精神が、今の日本精神なるものを培った。

池間　その考え方はおもしろいですね。

清水　人類は産業革命以降、物質的な豊かさを求めてきたわけですけども、そろそろ精神的な、本来の豊かさというものにみんなが向かっていく、世界中が向かっていくというのが理想ではないかと思うんです。そうするとやっぱり、世界は日本精神に向かうと思うんです。

池間　私もその可能性は十分にあると思います。しかし、日本の精神や文化を伝えるときに注意しなければいけないのが、日本が最高峰とか、一番とか言わないことです。それぞれの土地にはその土地の文化があって、それぞれ自分たちの文化が最高だと思っていますからね。そこで日本の良さだけを披瀝して、だから見習えと言っても、反発しか生まれません。「あなたたちのここはすばらしい」とまず相手のこと認め、そして「でも、日本のここも優れているんじゃないか」と聞くと、素直に日本の良さも認めてくれるのです。やっぱり日本人はすごいなと。日本人は人間がすべて同じだと思いがちだけれども、一神教と多神教の違いもあれば、民族対立もあるし、世界にはいろんな対立がある。〝自分たちが正しい〟と思うことをやめ、考え方や習慣の違いを認めたうえで、日本の良さを伝えていくということが大切なんです。

先人たちの積み上げた結果を享受している

清水　本書にあるような先人たちの歴史を知れば知るほど、私を含めて、現在の日本人は襟を正さなければいけないと思いますね。

池間　そうですね。日本人は先人たちに深く感謝すべきです。19世紀後半以降、ほとんどの有色人種の国が欧米列強の植民地となり、純粋な独立国家はほとんどなかった。そういうたいへんな状況の中で、日本の先人たちは、自分たちの力で国を守ってきてくれたわけです。その歴史を知れば、先人たちがどれだけ努力をして、どれだけの命をかけて日本を、そして私たちを守ってくれたかが分かります。その精神は、アジアの人たちにも伝わっているんです。

清水　なるほど。

池間　さらに、私は、戦後の日本人にも感謝しているんです。それはなぜかというと、どこに行っても、「日本人だから信用できる」と言われるんです。アジアの人たちも、「どうせなら日本の会社に勤めたい」「日本人から学びたい」と口を揃えて言います。それは、先人の努力の上に、戦争に敗れてボロボロの状態から、戦後の日本人がコツコツと地道に信用を重ね続けた結果です。だから、どこに行っても「日本人だったら大丈夫」と言ってくれるんです。この言葉を聞くと、日本人としてうれしいですよ、やっぱり。

清水　私たちが今享受しているのは僕らがやった結果ではなく、先人たちの積み上げたものだと。

池間　そうです。私の場合、そうした先人が積み上げてくれた信用をもって国際協力活動に行くわけですから、相手との信頼関係や協力関係が早く生まれることを痛感しています。

清水　私たちも未来へ向けて、信用を積み重ねていかないといけない。

池間　ええ。最近、みんなとは言いませんが、今の日本人は、自分のためだけに生きているのではないかと感じることがあります。その理由は、歴史を止めてしまったからに他なりません。学校教育では、戦前の日本は悪かったから、侵略行為をしたと教えています。そこで歴史がピシャッと止まってしまっている。戦前は悪で、今は良いと言いますけど、そんな馬鹿な話はないでしょう。戦争に敗れたからといって、人間が急に変わることはないですよね。昔の日本人も、今の日本人もマインドは一緒ですよ。２６００年以上の歴史を持つ日本があるから、今の日本人があるんです。ところが今の日本人は、今の自分のことしか考えていない。過去からのものを受け継ぎ、未来のためにがんばっているという意識が持てないと、子供たちがかわいそうだと思います。

清水　池間先生は常々、自分で調べなければいけないとおっしゃっていますが、本書を読んで、これはちょっと調べてみなければいけないぞ、歴史を勉強してみないとヤバいぞ、というきっかけにもなってほしいなと思います。今日はどうもありがとうございました。

池間　本書が、日本のすばらしさを伝える一助となれば幸いです。ありがとうございました。

一般社団法人アジア支援機構事務所にて

平成27年10月

【著者略歴】

池間哲郎（いけま・てつろう）一般社団法人アジア支援機構代表理事、認定NPO法人アジアチャイルドサポート代表理事、カメラマン、沖縄大学非常勤講師（国際ボランティア論）、「日本塾」塾長。

昭和29（1954）年沖縄県生まれ。アジア各国のスラム街やゴミ捨て場などの貧困地域の撮影・調査・支援を行いながら、そこに生きる人々の姿や、一生懸命に生きることの大切さ、命の尊さを伝える講演活動を精力的に行っている。文部科学大臣奨励賞、カンボジア王国外国人最高勲章をはじめ、国際支援に関する数多くの賞を受賞。平成24（2012）年より日本の素晴らしさと日本人の誇りをテーマに若者と共に学ぶ「日本塾」を主宰。著書に『日本はなぜアジアの国々から愛されるのか』（育鵬社）、『あなたの夢はなんですか？ 私の夢は大人になるまで生きることです。』（致知出版社）、『最も大切なボランティアは、自分自身が一生懸命に生きること（DVD付）』（現代書林）などがある。

認定NPO法人アジアチャイルドサポートウェブサイト
http://www.okinawa-acs.jp/

世界にもし日本がなかったら　歴史の真実、アジアの真実

2015年12月18日　初版第１刷発行

著　者　池間哲郎

発行者　久保田榮一

発　行　株式会社　育鵬社

〒105-0023　東京都港区芝浦1-1-1　浜松町ビルディング
電話03-6368-8899（編集）　http://www.ikuhosha.co.jp/

株式会社　扶桑社

〒105-8070　東京都港区芝浦1-1-1　浜松町ビルディング
電話03-6368-8858（販売）　電話03-6368-8859（読者係）

発　売　株式会社　扶桑社

〒105-8070　東京都港区芝浦1-1-1　浜松町ビルディング
（電話番号は同上）

印刷・製本　サンケイ総合印刷株式会社

ISBN 978-4-594-07387-9

本書のご感想を育鵬社宛てにお手紙、Eメールでお寄せください。

Eメールアドレス　info@ikuhosha.co.jp

育鵬社は扶桑社の教科書事業を継承する出版社です。